E. H. 카가 들려주는
역사 이야기

E. H. 카가 들려주는

역사 이야기

ⓒ 조지형, 2008

초판 1쇄 발행일 2008년 9월 25일
초판 13쇄 발행일 2021년 4월 28일

지은이   조지형
펴낸이   정은영
펴낸곳   (주)자음과모음

출판등록 2001년 11월 28일 제2001-000259호
주소   04047 서울시 마포구 양화로6길 49
전화   편집부 (02)324-2347 경영지원부 (02)325-6047
팩스   편집부 (02)324-2348 경영지원부 (02)2648-1311
e-mail   jamoteen@jamobook.com

ISBN   978-89-544-0824-0 (64100)

E. H. 카가 들려주는
역사 이야기

조지형 지음

㈜자음과모음

흔히 '역사'라고 하면 오래된 역사나 국가의 역사를 떠올립니다. 그러나 이 세상 모든 것에는 역사가 있습니다. 누구나 개인적으로 '삶'이 있으며, 그 삶은 역사를 가지고 있기 때문입니다. 이 세상에서 자신의 역사가 없는 사람은 없습니다. 그리고 모든 사람이 자신의 역사를 나름대로 해석하여 정체성과 미래의 비전을 만들어 가고 있습니다.

전문 역사가만이 역사가가 아닙니다. 모든 사람들은 나름대로 역사가입니다. 모든 사람들은 자신의 개인사, 가족사, 지역사, 국사 등 수많은 종류의 역사적 경험을 합니다. 그리고 그 사실들에 대하여 여러 수준에서 이해하고, 다양한 상황에 처할 때마다 사실의 중요성을 끊임없이 생각하면서 새롭게 이해하게 된 삶을 영위합니다. 때로는 사실이라고 믿었던 것이 사실이 아니었음을 깨닫기도 합니다.

이렇듯, 역사는 우리의 삶 그 자체이자 삶을 깊이 생각해 보는 하나의 방법입니다. 이 책을 통해서 만나게 될 에드워드 카는 20세기 후반에

'역사란 무엇인가'를 가장 설득력 있게 소개한 역사가입니다. 카는 주로 영국 외교부에 소속되어 소련을 중심으로 국제정치를 연구했던 국제 전문가였습니다. 그는 대학의 역사학 교수가 아니었습니다. 그러나 역사에 대한 풍부한 학식과 놀라운 성찰 때문에 수많은 사람들이 그의 책을 읽게 되었습니다. 카가 지은《역사란 무엇인가》는 1961년에 처음 출간된 이후로 전 세계적으로 엄청나게 판매되고 많은 사람들로부터 각광을 받았습니다. 우리나라에서도 그의 책은 40년 넘게 많은 사람들로부터 사랑을 받고 있습니다.

역사에 좀 더 관심을 가지고 깊이 이해하려는 사람들은 거의 빠짐없이 카의《역사란 무엇인가》를 읽습니다. 그 이유는 역사에 대해 그가 내린 정의 때문입니다. 그는 역사를 '과거와 현재의 끊임없는 대화'라고 정의했습니다. 그는 사료가 사실을 있는 그대로 보여 줄 수 있다는 주장을 비판하면서 사료에 대한 맹신을 경계했습니다. 이와 동시에 그는 역사가가 현재 자신의 입장에서 사료를 주관적으로 해석할 수 있다는 주장을 비판하면서 해석의 자의성도 경계했습니다. 그는 양극단의 잘못과 한계를 비판하면서 '끊임없는 대화'로서 역사를 정의했습니다. 말하자면, 카는 역사의 객관성과 주관성을 종합하려고 시도했던 학자라고 할 수 있습니다.

이 책을 읽는 모든 독자들이 자신의 역사를 균형 있게 해석하고 비판적으로 성찰할 수 있기를 바랍니다. 자신의 개인사로부터 시작해서 가족사, 지역사, 국사, 문명사, 그리고 지구 전체를 아우르는 역사로 점차 넓어져 가는 역사의 여러 측면들을 깊고 균형 있게 성찰할 수 있기를 바랍니다. 개인은 개인으로서만 존재하는 것이 아닙니다. 가족의 일원으로, 학교나 직장의 구성원으로, 한 국가의 국민으로, 국가의 틀을 넘어서는 지역 혹은 하나의 문명권의 구성원으로, 그리고 사회의 시민으로서 역사 속에 존재하는 것입니다. 이렇게 삶과 역사의 다양한 측면에 대하여 중요성을 끊임없이 성찰하고 열린 자세로 생각할 때, 역사는 그 자신이 처한 상황을 슬기롭게 극복할 수 있는 지혜를 제공해 줍니다. 과거는 미래를 위한 통찰력을 갖게 합니다. 그것은 오직 과거를 열린 자세로 받아들이고 끊임없이 성찰할 때에 가능합니다.

2008년 9월

조지형

C O N T E N T S

책머리에
프롤로그

에필로그
부록_통합형 논술 활용노트

프롤로그

"야호! 방학이다."

규선이가 환호성을 질렀습니다. 교실에 있는 모든 학생들이 규선이를 따라 소리를 질렀습니다. 선생님께서는 환하게 웃으시며 바라보시다가 말씀하셨습니다.

"즐거운 방학이 되기를 빈다. 놀러 가서는 항상 조심하고. 큰일 생기면 선생님한테 바로 연락해. 개학 때 건강한 얼굴로 다시 만나자. 알았지?"

"네!"

선생님의 말씀이 끝나자마자 아이들은 큰소리로 대답하고 우르르 교실을 빠져나갔습니다.

지현이는 교실을 빠져나오는 규선이에게 물었습니다.

"넌 방학 때 뭐할 거니?"

지현이가 말을 꺼내자마자 규선이는 기다렸다는 듯이 대답했습니다.

"난 할머니를 뵈러 경주에 갈 거야. 우리 집은 방학이 되면 언제나 할머니를 뵈러 가. 난 할머니가 좋아. 재미있는 옛날이야기를 많이 해 주시거든."

지현이는 이상한 듯이 물었습니다.

"작년 여름에는 유럽 여행을 갔다고 그랬잖아?"

규선이는 자랑스러운 듯 턱을 치켜세웠습니다.

"그래 맞아. 작년에는 런던, 파리, 로마, 프라하, 유럽 도시들을 돌아다녔지. 정말 멋있었어. 미술관, 박물관, 궁전, 성당. 또 센강에서 유람선을 타고 에펠탑을 구경했는데 정말 멋있었어. 지금도 여행에서 찍은 사진을 가끔 보곤 해."

"그러면 작년에는 경주 할머니댁에 가지 않았어?"

규선이는 눈을 크게 뜨고 지현이에게 대답했습니다.

"당연히 갔지. 할머니를 뵈러. 우리 집은 언제나 방학이 되면 가. 작년엔 할머니를 뵙고 나서 우리만 유럽 여행을 갔다 왔지. 할머니께서는 연세가 많으셔서 긴 여행을 못하시거든."

그러고 나서 규선이는 혼잣말로 말했습니다.

"할머니랑 유럽을 같이 다녀 왔으면 정말 좋았을 거야."

규선이는 파란 하늘에 있는 흰 구름을 잡으려는 듯 깡충 뛰어올랐다가 콧노래를 부르면서 말을 이었습니다.

"몸이 불편하셔서 서울에 못 올라오시지만 난 할머니가 좋아. 언제나 재미있는 이야기를 해 주시니까."

지현이는 부러운 듯이 물었습니다.

"그래도 유럽여행이 더 좋지 않아? 텔레비전에서 나온 프라하 거리도 걸어 볼 수 있고."

규선이는 눈이 휘둥그레져서는 지현이를 쳐다보았습니다.

"당연히 할머니가 더 좋지. 유럽 여행을 간다고 하니까 할머니가 유럽에 대한 옛날이야기를 얼마나 많이 해 주셨는지 알아? 더 재미있게 여행을 하려면 역사를 알아야 한다고 하셨거든. 유럽에 가서 유물을 직접 보는데, 할머니께서 해 주신 옛날이야기가 떠올랐어. 정말 신기하더라!"

지현도 고개를 끄덕였다.

"맞아. 누군가 그랬어. 아는 만큼 보인다고."

이 말을 듣자마자 규선이는 참지 못하고 웃음을 터뜨렸습니다.

"푸하! 아는 만큼 보인다고? 우리 할머니는 항상 반대로 말씀하시지. 아는 만큼 보이지 않는다고. 아는 만큼 보인다는 말은 속임수라고 말이야."

"뭐라고?"

규선이는 웃음을 참으며 천천히 설명했습니다.

"할머니 말씀에 의하면 아는 만큼 보이는 것이 아니라 아는 만큼 보인다고 우리가 착각하는 거래."

지현이는 고개를 절레절레 흔들었습니다.

"도대체 무슨 말인지 모르겠다."

규선이는 굳이 더 자세히 설명하지 않았습니다. 그리고 마냥 웃기만 했습니다. 할머니의 모습이 떠올라 더욱더 웃기만 했습니다. 할머니가 옛날이야기를 들려주실 때마다 입가에 번지는 미소가 생각났습니다. 할머니를 만날 생각에 규선이의 마음은 한껏 부풀어 있었습니다.

사실이란 무엇인가?

 사실은 역사가가 허락할 때에만 이야기 한다. 어떤 사실에게 발언권을 줄 것이며 그 서열이나 차례는 어떻게 할 것이냐를 결정하는 것은 바로 역사가이다.

— E. H. 카

1 고모부가 들려주는 고모와의 로맨스

규선이는 경주행 KTX 기차에 올라탔습니다. 지정된 좌석으로 달려가 보니 이미 고모와 고모부가 와서 앉아 계셨습니다. 규선이는 엄마와 성우 오빠에게 빨리 오라고 손짓을 했습니다. 규선이는 항상 바쁜 아빠가 함께 가지 못하게 되어 서운했지만 내일 오후 기차로 오실 예정이었기 때문에 그나마 다행이라고 생각했습니다. 규선이의 손짓에 엄마는 알았다고 연신 고개를 끄덕였습니다. 성우는 규선이가 맡긴 짐까지 들고 오느라고 땀을 뻘뻘 흘렸습니다. 그래도 규선이는 함박웃음을 띠며 빨리 오라고 소리쳤습니다.

"안녕하세요?"

고모와 고모부는 환하게 웃으면서 꾸벅 인사하는 규선이를 반갑게 맞아 주었습니다.

"그래. 규선이도 잘 있었니? 이젠 제법 다 큰 처녀 같구나."

고모부의 따뜻한 칭찬에 규선이는 마냥 입을 다물지 못했습니다. 규선이는 재빨리 고모부의 옆자리에 앉았습니다.

"얘는 고모부를 엄청 좋아한다니까!"

엄마는 고모의 옆 자리에 앉으면서 성우에게 건너편 좌석에 앉으라고 했습니다. 대학생인 성우는 짐을 선반 위에 올려놓으면서 책을 꺼내 읽기 시작했습니다.

"규선이는 왜 여기 앉았어?"

규선이는 물어보는 고모부를 뚫어져라 바라보며 대답했습니다.

"비코즈 아이 러브 유(Because I love you)."

"하하하."

고모부와 고모 그리고 엄마는 모두 크게 웃었습니다. 어릴 때부터 고모부가 무슨 질문을 할 때마다 무조건 '내가 고모부를 사랑하기 때문이야'라는 뜻으로 '비코즈 아이 러브 유'라는 말로 대답하던 규선이의 버릇이 그대로 보였기 때문이었습니다.

덜커덩.

열차가 미끄러지듯 앞으로 나아갔습니다.

규선이는 뒤로 밀려 나가는 창밖 풍경을 바라보았습니다. 건물, 사람, 그리고 물건들이 점점 멀어지는 모습을 흥미롭게 쳐다보았습니다.

"엄마, 언제나 기차를 타면 뒤로 멀어지는 풍경이 참 재미있어!"

엄마는 나지막하지만 엄하게 소리쳤습니다.

"넘어질라. 앉아 있어야지."

"그래도 재미있는 걸. 풍경이 뒤로 밀려 나가면서 작게 보이고 물건들이 좀 찌그러져 보여. 마치 조그만 구멍 속으로 빨려 들어가는 것 같아."

규선이는 한동안 넋이 나간 사람처럼 창밖의 풍경을 응시했습니다. 그러다가 힘이 드는 듯 자리에 앉아 고모부의 왼쪽 어깨에 머리를 기댔습니다.

불현듯 규선이의 눈에 빛이 났습니다. 규선이는 야릇한 미소를 띠며 고모에게 질문을 했습니다.

"고모, 고모부하고 어떻게 만나셨어요?"

고모는 갑자기 당혹스러운 질문에 눈이 휘둥그레졌습니다.

"고모, 고모부하고 어떻게 해서 결혼을 하시게 됐냐고요?"

결혼한 지 채 2년도 되지 않은 고모는 얼굴이 빨개졌습니다. 말하기를 망설이는 고모의 모습에 엄마가 나섰습니다.

"애가 별 질문을 다하는구나. 그만해라."

하지만 규선이는 대답을 꼭 들어야 하겠다는 표정으로 아양을 떨며 또 질문을 했습니다.

"고모, 빨리 이야기해 주세요."

옆 자리에서 책을 읽던 성우도 슬그머니 고개를 돌려 고모를 바라보았습니다.

"자기가 대신 말해 줘."

고모는 고모부에게 말하면서 애교 넘치는 윙크를 했습니다. 윙크에 사랑이 흘러넘쳤습니다.

고모부는 규선이를 바라보며 이야기를 시작했습니다.

"고모부가 대신 이야기해 줄게. 하기야 내가 하든지 고모가 하든지 간에 모두 똑같은 이야기지."

"글쎄, 그게 다 똑같은 이야기일까?"

고모는 웃으면서 혼잣말로 중얼거렸습니다.

"그러니까 6년 전의 일이네. 2월 말쯤이야. 매서운 겨울 바람이 부는 날이었어. 고모부가 1차 사법시험을 치러 가던 길이었지. 아침 9시 25분까지 시험장에 입실해야 했기 때문에 그렇게 서두를 필요는 없었지만 어머니께서 편하게 가라고 당부해서 택시를 잡아탔지. 춥기도 하고 말이야. 시험장으로 잘 가고 있었는데, 근데 교차로 옆에서 오던 차가 '쾅' 하고 들이받는 게 아니겠어. 뒷좌석에 앉아 있던 나는 자동차 문에 부딪혔지. 그리고 이마가 아파서 만져 봤더니 주르륵 피가 흐르는 것 아니겠어! 놀랐지. 걱정도 되고 말이야. 병원에 가야 하나, 아니면 그냥 시험장에 가야 하나 망설였어."

"당연히 병원에 가야지!"

고모는 가자미눈이 되가지고 핀잔을 놓았습니다. 하지만 규선이는 애처로운 듯이 물었습니다.

"많이 아프셨어요?"

"그럼! 많이 아팠지."

고모부는 그렇게 말하기는 했지만 괜찮았다는 듯이 껄껄댔습니다.

"난 택시 기사 아저씨가 '괜찮으세요? 병원에 갑시다'라고 하지 않았으면 그냥 시험장에 갈 작정이었어. 왜냐하면 1년 동안 사법시험을 준비했는데 오늘을 놓치면 또 1년을 기다려야 하거든."

"그래서요? 병원에 가셨어요?"

"병원 응급실에 도착해 보니 이 세상에서 제일 예쁘게 생긴 의사선생님이 있었는데 나중에 알고 보니까, 그 의사선생님이 고모더라고. 하하! 응급실로 들어가던 나를 보자마자 고모가 막 달려오는 것이 아니겠어. 내가 잘 생겼잖아."

윙크를 하는 고모부에게 갑자기 날벼락이 떨어졌습니다.

고모는 화가 난 듯 소리쳤습니다.

"아니, 내가 언제 보자마자 달려갔어요?"

"그랬잖아. 안 그랬어?"

고모가 버럭 소리치자 고모부도 맞받아쳤습니다.

옆에서 듣고 있던 엄마는 멋쩍은 웃음을 지으며 말했습니다.

"이러다가 싸움 나겠네."

"고모부, 계속 이야기해 주세요."

규선이는 고모와 고모부의 실랑이를 아랑곳하지 않고 이야기를 재촉했습니다.

"고모는 응급실에 들어간 나에게 교통사고에 대해 이것저것 물

어보면서, 머리를 만졌지. 그리고 일단 응급처치를 해 주고 나서 엑스레이를 찍자고 하더라고."

"엑스레이요?"

"그래. 엑스레이. 적외선으로 뼈를 촬영하는 것 있잖니. 간호사가 고모부를 데리고 가도 되는데 자기가 직접 나를 데리고 방사선과에 가는 게 아니겠어."

이때, 고모가 또 끼어들었습니다.

"아니. 내가 언제 직접 데리고 갔어요? 간호사에게 데리고 가라고 했잖아요."

"하하하. 전혀 기억을 못하네. 그때, 당신이 나를 방사선과에 데리고 갔지. 무슨 간호사가 데리고 갔어?"

고모부는 귀여운 표정을 지으며 은근히 고모를 놀리는 것 같았습니다.

"아니에요. 전 데리고 간 적 없어요."

고모는 딱 잘라 말하며 완강히 부정했습니다.

'누가 방사선과에 데리고 갔든 그게 무슨 상관이람.'

규선이는 고모의 황당해 하는 얼굴을 보면서 생각했습니다. 그리고 고모부가 더 많은 얘기를 해 주길 기다리면서 말했습니다.

"아무튼 고모부, 그래서요?"

"머리에는 별 이상이 없었어. 근데 문제는 내 팔꿈치였지. 머리를 촬영하려고 누웠는데, 팔꿈치가 아픈게 아니겠어. 머리 다친 것에 신경 쓰느라 오른쪽 팔꿈치는 쳐다보지도 않았지."

규선이는 자기가 아픈 듯이 이맛살을 찡그렸다.

"옆에 고모가 서 있었는데, 아픈 오른쪽 팔꿈치를 부드럽게 만지면서 '여기가 아프세요?' 라고 물어봤지. 난 고모를 보면서 아픈 걸 다 잊어버렸다니깐."

고모는 고모부를 사랑스럽게 바라보면서 너스레를 떨었습니다.

"만지니까 아프다고 소리를 질렀는데 엄살이 엄청 심하더라고. 너희 고모부."

"오른쪽 팔뼈에 약간 문제가 있어서 깁스를 했어. 그리고 고모가 와서 곧 괜찮아 질 거라며 다짜고짜 깁스에다 핸드폰 번호를 써 주더라고."

고모부의 말이 끝나기가 무섭게 고모는 손사래를 치며 말했습니다.

"아니, 내가 언제 깁스에 핸드폰 번호를 적어 줬어요? 당신이 쪽지에 적어서 나한테 줬지."

고모부는 고모의 고성에 아랑곳하지 않고 계속 이야기를 이어 갔습니다.

"규선아. 네 고모가 나보다 두 살이나 더 많거든. 내가 병원을 다녀 온 그 이튿날 난 다 잊어버렸는데 고모가 전화를 했지 뭐냐! 그래서 병원 근처 커피숍에서 만났어."

고모는 또 다시 언성을 높였다.

"아니 누가 전화를 했다고 그래요? 전화야 당신이 먼저 했죠."

"커피숍에 갈 때 내가 커다란 꽃다발을 사서 갔지. 너희 고모가 원래 장미꽃을 좋아하잖니. 내가 척하면 삼천리라고 너희 고모에 대해 잘 알잖아."

"흥, 누가 꽃을 좋아해요. 주니까 좋은 척했던 거지."

엄마는 설레설레 고개를 흔들고 규선이에게 그만하라는 신호를 보냈다.

규선이는 알았다는 듯이 고개를 끄덕이고 나서 혼잣말을 했습니다.

"그럼 고모가 먼저 프러포즈한 거네. 하기야 그럴 수도 있지. 우리 고모가 얼마나 당찬 사람인데!"

기차는 빠른 속도로 질주하고 있었습니다. 창밖으로 펼쳐지는

너른 평야가 눈앞에 펼쳐졌습니다. 짙푸른 벼 잎이 잘 다녀오라고
마구 손짓을 하는 것 같았습니다.

2 고모가 들려주는 고모부와의 로맨스

"저, 여기요."

엄마가 열차 통로를 막 지나가던 음료 판매원에게 손짓했습니다. 엄마는 버터 오징어와 맛있는 도시락을 사 주었습니다. 고모부는 목이 마르다면서 맥주와 땅콩을 달라고 했습니다. 고모는 아직도 심통이 난 듯 엄마하고만 이야기를 하고 있었습니다.

한참 지나서 고모부가 화장실에 다녀오겠다며 자리에서 일어섰습니다. 고모는 엄마에게 '아마도 맥주를 마시러 식당 칸에 가는 것 같다'며 못마땅해 했습니다.

고모부가 멀리 열차 문을 열고 사라졌습니다. 고모는 규선이를 향해 멋쩍게 웃더니 말을 걸었습니다.

"규선아, 사실은 이렇게 된 거야."

"뭐가요?"

"실은 고모부가 말해 준 이야기는 사실이 아니야."

엄마는 고모가 말해 주려는 게 무엇인지 아는 듯이 빙긋 웃으시며 규선이의 머리를 가볍게 쓰다듬었습니다.

"내가 고모부를 처음 만난 때는 들은 것처럼 고모부가 사법시험을 치러 가던 날이었어. 날씨가 정말 추웠어. 눈이 소복이 쌓인 것인 것은 아니었지만 제법 많이 내린 날이었어. 오랜만에 집에 와서 하루 쉬고 병원으로 나갔던 날이었지. 그날 아침을 아직도 생생하게 기억해. 왜냐하면 새벽 기도를 마치고 집으로 들어오시는 할머니께서 '오늘 눈 내리는 걸 보니 좋은 일이 있을 것만 같다'며 내게 '신랑감이 나타나지 않나 주변을 잘 살펴보라'고 하셨거든. 할머니는 웬만해서는 그런 이야기를 하지 않으시는 분이시잖니."

"그땐 할머니가 서울에 계셨었어요?"

"그럼. 할머니가 경주에 내려가신 건 그 다음 해였어. 이모할머니와 가깝게 지내신다고 말이야."

고모의 눈 끝에 망울이 잠깐 맺혔습니다. 고모는 길게 호흡하고는 계속 말을 이었습니다.

"난 할머니 말씀을 그냥 흘려듣고는 병원으로 출근했지. 8시 30분경이었을 거야. 건장한 청년이 피 흘리는 이마를 손으로 감싸고 응급실로 들어오더라고. 때마침 응급실의 문 옆에 있던 내가 안내하게 되었지."

"아하! 그러니까 고모가 고모부를 안내하게 된 것은 우연이라는 거죠."

"그렇지. 만약 내가 응급실 안쪽에 있었다면 안내해 주는 걸 그냥 쳐다만 보고 있었을 거야."

"그러면 고모는 고모부를 처음 봤을 때, 그러니깐 고모부가 응급실에 들어왔을 때 첫눈에 반하지 않았다는 말예요?"

"글쎄, 첫눈에? 관심은 있었던 것 같아. 고모부가 잘 생기고 건장하고, 또 똑똑해 보이잖니."

고모는 쑥스러워 하는 듯하면서도 자랑스러운 듯 입가에 환한 웃음이 번졌습니다. 그리고 혼잣말을 했습니다.

"하지만 그때 일이 너무 많아서……."

그러다가 고모는 갑자기 무엇이 생각났는지 격앙된 목소리로 말했습니다.

"아니야! 그때, 보통 때와는 달리 좀 한가로웠던 것 같아. 그러니깐 응급실에 들어온 고모부를 치료하면서 계속 옆에 있었던 것을 생각해 보면 말이야."

"그럼, 고모는 만약 바빴다면 고모부 옆에 있지 않을 수도 있었다는 말이야?"

"그렇지. 보통 때 같으면 환자들이 여기저기 아프다고 소리치고 그러면 정신없이 왔다 갔다 해야 하거든. 어떻게 환자 한 명만 보고 있겠어."

"그럼, 고모는 고모부가 이야기한 대로 엑스레이를 찍으러 같이 방사선과에 갔어?"

"아니, 의사는 그런 거 하지 않아."

고모는 당연히 아니라는 듯 펄쩍 뛰며 대답했습니다.

고모가 펄쩍 뛰며 말하는 통에 규선이도 놀랐습니다. 하지만 고모의 말이 이상해서 물었습니다.

"그때 바쁘지 않았다며? 그러면 같이 갈 수도 있는 거 아냐?"

"만약 아는 사람이라면 그럴 수도 있었겠지만…… 아니야. 응급실을 지켜야 하니까."

규선이는 눈을 휘둥그레 하면서 다시 물었습니다.

"아니 그럼, 고모부가 거짓말을 했다는 거야?"

"그렇다는 이야기는 아니고."

"고모나 고모부 둘 중에서 누구 말이 사실이라면 다른 사람 이야기는 사실이 아닌 거지. 둘 다 맞을 수는 없는 거 아냐?"

"그렇지."

'그럼 누구 말이 맞지?'

규선이는 호기심이 생긴 듯 골똘히 생각했습니다.

"고모 말이 맞아."

"왜? 무슨 근거로."

고모는 뺨에 둘째손가락을 가져다 대면서 말했습니다.

"호호호. 내가 예쁘잖니!"

"예쁘면 거짓말 안 하나 뭐!"

그러면서도 규선이는 고모 말이 틀림없다고 확신할 수는 없지만 거의 맞을 거라고 생각했습니다. 고모는 규선이에게 항상 잘 해 주기 때문에 거짓말을 할 리가 없다고 생각했기 때문이었습니다.

"고모부가 방사선과에 간 후에 연락이 왔어. 간호사가 잠깐 와 보라고. 그래서 방사선과에 뛰어 갔지."

"아항! 고모는 같이 간 게 아니고 나중에 간 거구나."

"가서 보니까 고모부가 오른쪽 팔꿈치가 아프다고 하더라고. 처음 고모부가 응급실에 왔을 때 머리 말고 어디 아픈 데 없냐, 어디 이상한 데 없냐고 여러 차례 물었을 때는 그냥 머리만 아프다고 대답했거든. 나도 여기저기 체크해 보았고."

"고모부가 왜 그랬을까?"

"아주 가끔 그런 일이 생기기도 해. 왜냐하면 교통사고 후유증은 천천히 나타나기도 하거든. 교통사고가 난 날에는 아무렇지 않다가 다음 날 아침에 일어나서 다른 곳이 굉장히 아프다고 하는 사람들도 있거든. 경우에 따라서는 이런 증상이 며칠 후에 나타나기도 해."

"사고가 나면 증상이 그 즉시 나타나는 게 아니고?"

"음, 쉽게 말하자면 사고 당한 충격에 정신이 없어서 몰랐다가 정신을 차리고 나면 서서히 알게 된다고나 할까?"

규선이는 알았다는 듯 고개를 끄덕였습니다.

"방사선과에서 다시 아픈 데 없나 살펴보고 질문했던 거야. 그래서 고모부는 깁스를 하게 됐고."

"그러면 고모가 핸드폰 번호를 적어준 건 맞아? 왜, 있잖아. 깁스하게 되면 깁스에다 이런 말 저런 말 적어 주잖아."

"그래, 맞아. 빨리 나으라고 기원하면서 깁스에 별별 이야기를 다 적어주지. 또 깁스를 하게 되면 답답하잖니. 그래서 심심하지 말라고 재밌는 이야기를 적어 주기도 하지."

"그럼, 적어 줬어?"

"호호호. 아니. 안 적어 줬지. 어떻게 적어 주니? 처음 본 사람인데. 누군지도 모르고."

"그러면 고모부가 또 거짓말을 한 거야?"

"그래. 그거야말로 정말 거짓말이다."

고모는 팔짱을 하고는 단호하게 말했습니다. 내내 옆에서 묵묵히 듣고 있던 엄마도 당연하다는 듯 고모를 거들며 말했습니다.

"고모가 그럴 사람이 아니라고 생각해요."

규선이는 두 눈을 깜박거리며 물었습니다.

"그러면 어떻게 고모하고 고모부가 서로 연락했지?"

"그거야 당연히 고모부가 쪽지에 핸드폰 번호를 적어 줬지. 아프다는 사람이 자기 아픈 건 아랑곳없이 핸드폰 번호를 적어 줬다니까. 염불에는 관심 없고 잿밥에만 관심이 있어 가지고는……."

이때, 옆 좌석에 앉아 이야기를 듣던 성우가 무언가 석연치 않다는 표정으로 고모를 빤히 쳐다보았습니다.

"왜 성우야?"

"고모가 핸드폰 번호를 안 가르쳐 줬다면 말이야, 전화를 건 사람은 누군데?"

성우는 손으로 수화기 모양을 만들어 귀에 대면서 고모가 먼저 전화를 걸지 않았냐고 은근히 떠보았습니다.

"호호호. 성우는 똑똑하기도 해라!"

고모는 머뭇거리면서 말을 이어 나갔습니다.

"핸드폰 번호를 적어 준 쪽지를 버리지는 않았지만 먼저 전화를 건 사람은 내가 아니야."

이제야 무슨 말인지 알아차린 규선이는 물었습니다.

"그럼 핸드폰 번호도 모르는 고모부가 어떻게 고모에게 전화를 걸었지?"

"고모부가 그 이튿날 병원으로 나를 찾아왔어. 잠깐 이야기를 하자고 왔지."

규선이는 전혀 예상치 못한 이야기가 나와 눈을 크게 떴습니다.

성우는 몸을 기울이며 더욱 귀를 쫑긋 세웠습니다.

"잠깐이면 된다고 하면서 병원 앞에 있는 카페에서 만나자고 하더라고. 그래서 내가 잠시 후에 짬을 내서 카페에 갈 테니 가서 기다리라고 했지."

규선이는 고모의 말을 듣고 맞장구를 치며 말했습니다.

"아하, 그래서 카페에 가게 된 거구나!"

고모는 계속 말을 이어 갔습니다.

"카페에 갔는데 고모부가 장미꽃 50송이를 안겨 줬어. 나도 모르게 갑자기 눈물이 핑 돌더라."

고모는 그 장면을 생생하게 떠올랐는지 눈시울이 뜨거워지는 것 같았습니다.

"그때 고모부는 사법시험을 준비한다, 고향이 경주다, 군대에 다녀왔다 등등 이런저런 이야기를 했지. 그리고 그 후로 계속 만났어. 날 만나면 운이 좋아진다…… 운운하면서 말이야. 그리고 나서 고모부가 사법시험에 합격하고 법관으로 임용되면서 결혼하게 된 거야."

이야기를 다 끝낸 고모는 규선이의 만족스러운 표정을 보았습니다.

"참! 고모가 그날, 장미꽃 50송이를 받은 날, 고모부의 깁스에 뭐라고 써 주긴 했다."

"뭐라고요?"

규선이는 깁스에 쓰인 내용을 알고 싶어서 말의 끝을 길게 늘이며 물었다.

"뭐라고 하긴. 그냥 '고마워요. 빨리 완쾌하세요.'라고 써 줬지."

"아잉. 그게 뭐야! 싱겁게. '사랑한다!' 이런 말을 써야지."

"호호호."

"재미있게 들었지?"

고모가 웃으며 물었습니다.

"응."

규선이는 짧게 대답했지만, 머릿속에서는 별별 상상을 다 하고 있었습니다.

기차가 덜커덩거리며 속도를 줄여 대전역에 진입하고 있었습니다. 이때 얼굴이 불그스름하게 상기된 고모부가 식당 칸에서 돌아와 자리에 앉았습니다. 고모부는 규선이를 바라보고는 큰 목소리로 말했습니다.

"고모를 처음 응급실에서 봤을 때 고모가 입고 있던 그 하얀 의

사 가운이 정말 좋더라."

그리고 나서 고모부는 피곤했는지 깊은 숨을 들이마신 후 곤한 잠에 빠졌습니다.

"법관 일도 힘들지."

엄마는 잠에 푹 빠진 고모부를 보며 안쓰럽게 말했습니다.

규선이에게 손짓해서 자리를 바꾼 고모는 고모부의 머리를 한 번 쓰다듬더니 조심스럽게 자신의 어깨에 기대게 했습니다. 고모부는 마치 엄마 품에 안긴 어린애처럼 새근새근 평화롭게 잠들었습니다.

3 오빠가 들려주는 고모와 고모부의 로맨스

"오빠, 오빠는 누구 말이 진실인 것 같아?"

규선이는 고모가 듣지 못하도록 조그만 목소리로 물었습니다.

"너는 누구 말이 진실인 것 같은데?"

규선이는 성우의 의향을 떠보려는 듯 고개를 갸우뚱하면서 '고모?' 라고 말했습니다. 성우는 뻔한 대답이 나올 줄 알았다는 듯이 빙그레 웃었습니다. 규선이와 성우는 비밀 이야기를 하기 위해 좌석의 다른 쪽 끝으로 옮겨 앉았습니다.

"왜? 내가 틀렸어?"

"아니. 네 말도 맞아."

"그게 무슨 말이야? 내 말도 맞다니? 그럼 고모 말도 맞고, 고모부 말도 맞다는 거야?"

"그렇지."

규선이는 '흥! 그런 게 어디 있어?' 라고 말하려는데 불쑥 화가 치밀어 올랐습니다. 규선이는 오빠가 역사학을 전공하는 대학생이니까 잘난 척하는 거라는 생각이 들었습니다.

"오빠는 뭐든지 다 아나?"

"하하하. 오빠는 뭐든지 다 알지."

"좀 조용히 해라."

성우의 큰 목소리에 엄마가 엄한 표정을 지으며 말했습니다.

"규선아, 오빠 생각은……."

성우는 무엇인가를 골똘히 생각하는 듯 잠시 숨을 멈췄습니다. 성우는 화색 띤 얼굴로 말을 꺼냈습니다.

"기차가 앞으로 달려 나가면 창밖 배경이 뒤로 밀려 나가면서 서로 겹쳐지는 것 같지 않니?"

"응. 그런데, 갑자기 무슨 뚱딴지 같은 소리야?"

"옆에서 볼 땐 창밖의 가로수들이 하나씩 보이지. 하지만 뒤로 밀려 나가면 가로수 사이 간격이 좁아지고 점점 겹쳐지는 것 같지?"

규선이는 당연하다는 듯이 여러 번 고개를 끄덕였습니다.

"역사도 마찬가지야. 당시에는 행동들이 하나씩 하나씩 이해되는데 시간이 지나면 그 행동들이 점점 겹쳐져서 혼란스럽게 되지. 그래서 시간이 꽤 흐른 후에는 어떤 행동이 먼저 취해진 것인지 알 수 없이 뒤죽박죽이 되어 버리지."

"맞아. 한참 싸우다가 보면 무엇 때문에 싸우고 있었는지 잊은 채 싸우고 있더라고."

"정확한 예는 아니지만 그런 비슷한 현상이야."

"그런데 고모, 고모부의 이야기랑 무슨 상관이야?"

규선이는 고개를 갸우뚱거리며 물었습니다.

"고모와 고모부가 처음 만난 것은 지금으로부터 6년 전의 일이잖아. 그러니까 오늘의 입장에서 6년 전의 과거를 돌이켜 회상해 보면 마치 그때 일들이 서로 겹쳐지는 것 같아 보이는 거야. 시간도 뒤죽박죽이고. 그러니까 고모나 고모부도 마치 6년 전의 일들이 서로 겹쳐 있는 듯이 말하고 있고."

"하지만 겹쳐 있는 것은 아니잖아."

"규선이가 똑똑하네!"

성우가 칭찬을 해 주자 규선이는 으쓱거렸습니다.

"고모가 이렇게 말하고 고모부가 저렇게 말하더라도 사실이라고 하는 것은 하나 뿐이야. 고모부가 말하는 것처럼 고모가 고모부의 깁스에 핸드폰 번호를 써 준 사실과, 고모가 말하는 것처럼 고모가 고모부의 깁스에 핸드폰 번호를 써 주지 않았다는 사실. 두 사실 중에서 하나는 사실이 아니지."

"맞아, 맞아. 두 사람 중에서 한 사람은 거짓말쟁이야."

규선이는 맞장구를 치며 말했습니다. 성우는 규선이의 말에 싱긋 웃으며 말을 이었습니다.

"만일 당시에 고모가 고모부의 깁스에 핸드폰 번호를 적어 주지 않았다는 일이 발생했다면, 고모가 핸드폰 번호를 적어 줬다는 일은 발생할 수 없지."

"하지만, 고모가 조금 있다가, 그러니까 한 십분 뒤에 적어 줄 수도 있잖아."

"물론, 그렇지. 하지만 동일한 시간과 장소에서 어떤 행동을 했다는 것과 하지 않았다는 것이 동시에 발생할 수는 없는 거지."

"그러니까 고모와 고모부 중에서 누가 진실을 말하는 것 같냐고 물어보잖아."

다그치는 규선이의 말에 성우는 '하하하' 웃으며 알겠다는 듯 고개를 끄덕였습니다.

"누가 말하든 사실은 사실이지. 그렇지?"

"그럼."

"누가 말하든 사실이라는 것은 과거에 발생했던 그 자체야. 그래서 지금 고모나 고모부가 무엇을 말하든, 아니면 무언가를 빼먹고 말하든 혹은 일부러 거짓말을 하든 상관없이 사실은 과거에 발생했던 일 자체로 변하지 않는다는 거지."

"응. 그렇지."

"그렇다면 내가 이렇게 말하든 저렇게 말하든, 고모가 진실을 말했다고 하던, 고모부가 진실을 말했다고 하던 간에, 사실은 과거에 발생했던 일 그대로 있는 거지."

"응."

"우리가 뭐라고 말해도 사실은 변함없이 과거 속에 그대로 있는 거야. 그러니까 고모와 고모부가 처음 만났을 때 누가 더 적극적이었다고, 누가 먼저 핸드폰 번호를 가르쳐 주었다고 말하는 것은 사실 그 자체에 비하면 별로 중요하지 않아. 누가 말했던 간에 그 사실은 변하지 않으니까."

"그럼 오빠는 이야기를 들을 필요가 없었겠네. 사실은 그대로 과거에 있으니까."

규선이가 퉁명스럽게 말했습니다.

"그런 뜻이 아니고. 이를테면 고모나 고모부의 말이 진실이라고 생각하고 '고모 혹은 고모부는 그런 사람이구나!' 하고 단정 짓는 건 바람직한 태도가 아니라는 뜻이야. 왜냐하면 그것은 결국 말일 뿐이니까. 그렇지? 고모가 무슨 말을 하더라도 과거사실은 그대로 과거 속에 있으니까 말이야. 누구의 말에도 아랑곳하지 않는 사실은 절대적 존재라니까."

"하기야 그렇지."

"규선이 네가 알아야 할 또 하나의 문제가 있어."

"그게 뭔데?"

규선이는 귀를 쫑긋 세우며 물었습니다.

"기차가 서울역에서 출발해서 대전까지, 조금 있으면 대구에 거의 도착하게 되잖아."

"응. 대구에 금방 도착할 것 같아."

규선이는 창밖을 바라보며 대답했습니다.

"만약에 서울역을 출발한 기차가 현재 대전에 있다면 분명히 그 기차는 천안을 거쳐서 왔겠지."

"당연하지!"

"그래, 당연한 거야. 우리가 서울역에서 출발했다는 사실을 알고 또 그 기차가 현재 대전에 있다는 사실을 안다면 우리는 언제인지는 확실히 모르겠지만 그 기차가 천안을 지나갔다는 사실을 분명히 알 수 있지."

규선이는 귀를 쫑긋 세우고 계속 듣고 있었습니다.

"우리는 어떤 사실들을 알게 되면 그와 관련된 다른 사실들을 모른다고 하더라도 그 사실이 있었을 것이라고 분명하게 추정해 볼 수가 있어."

"그런데 그 이야기가 고모, 고모부 연애 이야기와 무슨 관계가 있어?"

"고모도 고모부도 말씀은 안 하시지만, 고모부가 처음 응급실에 들어와서 고모를 만난 때부터 엑스레이를 찍고 난 후 쪽지에 핸드폰 번호를 적어 줄 때까지 두 사람이 의례적인 대화만 했다고 해. 고모가 '아프세요?' 그럼 고모부가 '아니에요' 이렇게 말이야.

하지만 그 과정에서 정확히 말하자면 공식적인 대화들 중간에 서로가 서로를 이해하는 과정이 있었다는 거지."

"오빠는 그걸 어떻게 알아?"

"고모가 핸드폰 번호가 적힌 쪽지를 버리지 않았다는 거지. 고모부에게 관심이 있었으니까. 만약 관심이 없었다면 왜 쪽지를 안 버렸겠어? 당연히 버렸겠지."

"우아! 우리 오빠 예리한데!"

"고모와 고모부는 우리한테 만났던 이야기를 피상적으로 이야기하고 있지만 그 피상적인 이야기 이면에, 그리고 그 중간 중간에는 무엇인가가 계속 진행되고 있었던 거야. 그리고 그 중간과정이 우리한테는 중요한 거고."

규선이는 자신이 탐정이나 된 듯 턱을 괴면서 고개를 끄덕였습니다. 그리고 물었습니다.

"그런데 이야기 중간 중간에 진행되고 있는 것이 뭐야?"

"넌 왜 갑자기 자다가 봉창 두드리는 소리를 하냐?"

"왜?"

"다 말해 줬잖아. 천안을 지나갔다고 말하지 않더라도 서울역에서 출발해서 대전에 도착했다면 당연히 천안을 거쳤다는 사실을 아는 것처럼 고모와 고모부가 처음 만나서 쪽지를 주고받을 때까지 두 사람 사이에 여러 이해와 교감이 오고 갔다는 거지. 두 분이 그걸 이야기 하지 않으시지만 말이야."

"참, 그렇지."

규선이는 머리를 긁적거렸습니다. 그리고 오빠를 빤히 쳐다보면서 물었습니다.

"어떻게 그게 가능하지?"

성우는 약간 화가 난 듯 목소리를 높여 말했습니다.

"내가 둘째손가락으로 하늘에 떠 있는 보름달을 쳐다보라고 가리키면 보름달을 보아야 하니? 아니면 둘째손가락을 보아야 하니? 뭘 볼래?"

"당연히 보름달이지."

"그래, 맞아. 마찬가지지. 고모나 고모부가 처음 만난 이야기를 해 주면 그 말을 듣고 이해하려고 해야 해. 하지만 가장 궁극적으로는 말이야, 그 이야기가 가리키고 있는 사실, 과거의 사실, 6년 전 두 분이 만나게 된 사건을 이해하려고 해야 하지 않을까?"

"아! 그렇지."

규선이는 멋쩍은 웃음을 지으며 물었습니다.

"그런데 오빠, 두 분은 어떻게 교감이 오고 갔지?"

성우는 머리를 긁으면서 공중에 시선을 한 번 고정했다가 말을 꺼냈습니다.

"아까 고모가 쪽지를 버리지 않았다고 말한 것처럼 그 말을 통해서만 과거사실을 추측해 볼 수 있어. 고모나 고모부가 더 자세하게 이야기해 주지 않는다면 말이야."

그러다가 성우는 규선이의 얼굴을 빤히 쳐다보면서 확신에 찬 모습으로 말했습니다.

"분명한 것은 하나 있지. 예를 들면 고모가 '여기가 아프세요?' 물으면서 고모부를 바라볼 때 말이야."

"응, 바라볼 때."

"고모의 손놀림, 목소리의 톤이나 떨림, 입가의 표정, 고모부를 쳐다보는 시선, 눈썹이 올라가거나 내려가는 움직임, 고모부를 바라보는 자세 등등. 이런 것들이 고모부에게 어떤 특정한 의미로 전달되는 거지."

"그거 일종의 보디랭귀지 아냐?"

"그렇지. 하지만 내가 말하는 것은 그보다 더 많은 것들을 의미해. 말하자면, 고모는 '여기가 아프세요?' 물으면서 응급실의 다른 한쪽에서 벌어지는 일들을 관찰하고 귀로는 다른 소리도 듣게 돼. 고모부에게 의식적으로나 무의식적으로 전달하려는 보디랭귀지 말고도 더 많은 것들을 행동하거나 생각하지."

"물론 그렇기야 하지."

"그걸 경험이라고 하는 거야. 그리고 과거에 일어난 일은 경험 그 자체야."

'경험……'

규선이는 고개를 꺄우뚱거리며 경험을 속으로 되뇌었다.

"그래서 우리는 고모가 '그때 내가 어디 아프세요? 라고 물었어'라고 말할 때 6년 전 고모가 어떤 경험을 했는지 상상해 보아야 해. 그렇지 않으면 우리는 보름달을 보는 것이 아니라 보름달을 가리키는 손가락을 보는 격이 되는 거야."

"응, 알았어."

규선이의 동그란 큰 눈이 더할 나위 없이 초롱초롱해졌습니다.

어느새 기차는 대구역 플랫폼을 향해 내닫고 있었습니다. 기차 속도가 줄어들자, 잠들었던 고모부가 벌떡 일어나며 물었습니다.

"다 왔습니까?"

엄마도 깜박 잠에 취했는지 연신 눈을 비볐습니다. 오빠와 나누던 비밀 이야기는 더 이상 하지 못하게 되었습니다. 우리 둘은 동시에 입을 꾹 다물었습니다.

사실이란 무엇인가

역사는 사실을 연구하는 것입니다. 사실이란 실제로 일어난 일을 말합니다. 그러므로 사실은 현재 일어나고 있는 일이나 미래에 일어날 일이 아닙니다. 사실은 과거에 일어난 일을 말합니다.

물론 현재 일어나고 있는 일은 그 일이 발생하자마자 과거가 된다는 점에서 사실이라고 말할 수 있습니다. 그러나 현재 곧 일어날 일은 아직 발생하지 않았기 때문에 사실이라고 말할 수 없습니다. 현재는 과거와 미래가 만나고 있는 경계선과 같은 것입니다. 그래서 사실이라는 용어는 과거사실과 동일한 의미를 갖는다고 할 수 있습니다.

과거사실은 역사의 출발점입니다. 과거사실은 과거에 일어난 일 혹은 과거에 발생한 일입니다. 그래서 어떤 특정 시점과 특정 장소에서 발생한 일은 절대로 또 다시 발생하지 않습니다. 똑같은 장소에서 비슷한 일이 발생할 수도 있습니다. 그러나 어떤 시간이 지나고 나면 그 시간은 다시 돌아오지 않습니다. 설령 똑같은 일이 발생했다 하더라도 그것은 동일한 시간에 발생한 것이 아닙니다. 또한 똑같은 장소에서 발생했다고 하더라도 정말 똑같은 분위기와 상황(바람의 세기, 햇볕의 강도, 참여한 사람들의 기분 등)은 만들어질 수 없습니다. 어떠한 과거사실도 반복되지 않습니다.

과거사실은 과거에 일어난 일이기 때문에 현재 우리는 어떤 경우에도 그 과거사실을 변경할 수 없습니다. 물론 그것에 대한 설명은 사람마다 제각기 다를 수 있습니다. 하지만 설명의 대상이 되는 과거사실은 변경할 수 없습니다. 과거로 되돌아가는 타임머신을 발명해서 과거로 되돌아갈 수 있지 않는 한 변경할 수 없습니다.

그래서 과거사실은 누구에게나 객관적입니다. 남녀노소를 불문하고 어느 나라에서 살든 부유하든 가난하든 저녁에 살펴보든 아침에 살펴보든 과거사실은 객관적입니다. 1900년에 일어난 과거사실은 보는 사람에 따라 1800년이나 2000년에 일어난 일이 될 수 없습니다. 1397년에 세종대왕이 태어났는데, 보는 사람에 따라 세종대왕이 1500년에 태어났다거나 1937년에 태어났다고 말할 수는 없습니다. 이러한 이유로 과거사

실은 어떤 일이 있더라도 절대로 변경되지 않습니다. 과거사실을 연구하고 그 사실에 대해 말하는 사람이 누구이든지 간에 과거사실은 절대적입니다.

우리는 언어를 사용해서 경험을 설명하지만, 그 언어는 경험을 모두 담아내기에 절대적으로 부족합니다. 아무리 유창한 언어로 수많은 시간을 들여 설명한다고 하더라도 사실 그대로 모든 것을 담아 과거사실을 설명할 수는 없습니다. 역사를 이해하는 작업은 이러한 혼돈의 경험을 인정하는 일부터 시작됩니다.

사료가 없으면 역사도 없다

 역사책을 읽을 경우 속삭이는 소리에 항상 귀를 기울여야 한다.

—E. H. 카

1 증거를 대봐!

"난, 벌써 경주인지 알았네."

고모부는 크게 기지개를 하면서 멋쩍게 웃었습니다. 고모부는 옷매무새를 정돈하며 규선이에게 윙크를 하자, 규선이가 히쭉 웃었습니다. 기차가 미끄러지듯 대구역을 출발했습니다. 앞으로 한 시간 가량을 더 가면 경주에 도착합니다. 규선이는 고모를 밀쳐 내고 고모부 옆에 바짝 붙어 앉았습니다.

"규선이는 왜 여기 앉았어?"

고모부는 뻔한 대답을 기대하며 물었습니다.

눈망울에 함박웃음이 가득 찬 규선이는 '비코즈 아이 러브 유'로 화답했습니다. 옆에 계시던 엄마도 고모도 또 한바탕 크게 웃었습니다. 앙증맞은 눈웃음에 모두들 기절하겠다는 반응입니다.

그런데 갑자기 분위기를 썰렁하게 만든 말이 규선이의 입에서 튀어나왔습니다.

"고모부는 거짓말쟁이야."

깜짝 놀란 고모부는 영문을 몰라 두리번거렸습니다. 그러다가 고모와 눈이 딱 마주쳤습니다. 고모는 조용하게 창밖으로 시선을 돌렸습니다.

"규선아, 그게 무슨 말이야? 내가 거짓말쟁이라니."

"고모가 다 말해 줬어, 뭐."

"뭘?"

"고모부가 다쳐서 응급실에 간 다음 날 병원으로 고모를 만나러 갔다면서?"

"그게 무슨 말이야?"

"고모부는 고모한테 전화가 와서 커피숍에서 만났다고 했잖아. 그런데 고모는 고모부가 병원으로 찾아와서 잠깐 보자고 해서 커피숍에 갔다고 하더라."

"거짓말도 유분수지!"

고모부는 버럭 화를 냈습니다. 고모를 바라보는 고모부의 시선이 하도 매서워 가시광선이 뿜어져 나오는 것 같았습니다.

"아니야. 고모가 먼저 전화했단 말이야."

"정말? 도대체, 그럼 뭐가 진실이야?"

"고모가 먼저 전화한 게 진실이야. 고모한테 물어봐라."

"뭐가 진실이야?"

규선이는 눈을 연신 깜박이며 고모에게 물었습니다. 옆 좌석에 있던 성우도 귀를 쫑긋 세웠습니다.

"고모부가 먼저 병원에 왔지. 내가 먼저 전화를 했겠어?"

고모는 또박또박 목소리에 힘을 주어 말했습니다.

"자기가 먼저 전화했잖아. 잠깐 봤으면 좋겠다고."

"내가 언제요?"

고모와 고모부의 목소리가 한 옥타브나 올라가서 정말 싸우는 것 같았습니다.

이제 규선이는 고모의 말도 고모부의 말도 믿기지 않았습니다. 누구의 말이 진실인지 알 수가 없었습니다.

"분명 과거사실은 하나뿐일 텐데……."

규선이가 읊조렸습니다.

"내가 먼저 전화했다는 증거가 있어요?"

"증거야 없지. 핸드폰 사용내역을 조회해 달라고 할 수도 없고……."

"고모부, 사용내역 조회라니요?"

"통신회사가 매달 전화요금을 사용자에게 청구하지 않니. 그러니깐 전화요금을 계산하기 위해서 통신회사에서는 전화를 사용한 내역을 보관하고 있거든. 만약 고모가 지난달에 나에게 전화했다면 사용내역에 나와 있겠지. 그 사용내역서가 증거가 되는 거지."

"응. 그럼 6년 전의 사용내역은 없나?"

"하하하. 없지. 벌써 다 없앴지."

"난 당신이 병원에 온 걸 본 사람을 댈 수 있어요. 증인이 있다이 말씀이에요."

고모는 의기양양하게 말했습니다.

고모부는 어이가 없는 듯, 그러면서도 재밌어 하는 모습으로 말했습니다.

"허참! 이렇게 진실이 뒤바뀔 수도 있네."

'고모부 말이 진실일 수도 있어.'

황당해 하는 고모부의 모습을 보면서 규선이는 고모부의 말이 사실일 수도 있다고 생각했습니다.

"고모부, 정말 병원에 갔어요?"

"그럼, 갔지. 하지만 카페에서 만난 후에 말이야."

고모부는 규선이의 동조 어린 질문에 허탈한 듯 말했습니다.

"그럼, 고모부가 고모한테 핸드폰 번호를 쪽지에 써 준 게 맞는 거예요?"

규선이의 연이은 질문에 고모부는 '하지만'을 연발했습니다.

"하지만 그것도 나중에 카페에서 나오면서 써 준 거지."

고모부는 다 기어들어가는 목소리로 말했습니다.

"아까는 안 써 주셨다면서요."

"아, 그러니까 병원에서는 안 써 줬지. 응급실에 갔을 때는."

오늘의 승리자는 고모였습니다. 콧노래를 부르는 고모의 어깨는 하늘을 찌르는 듯 높이 솟아 있었습니다. 하지만 패배의 잔을 마신 고모부는 얼굴을 찡그리며 애꿎은 머리만 계속 긁적거렸습니다. 한동안 평화 아닌 평화의 침묵이 흘렀습니다.

그리고 진실게임은 이렇게 끝나는 줄 알았습니다. 갑자기 고모부는 무릎을 '탁' 하고 치고는 야릇한 미소를 지었습니다.

"하하하. 나도 증거가 있어."

화색이 만연하던 고모의 얼굴에 긴장감이 감돌았습니다.

"무슨 증거요?"

애써 태연한 척하는 고모의 떨리는 목소리는 전투 상황의 역전을 예고해 주는 듯했습니다.

"당신, 기억해? 내가 깁스를 3주간 했잖아."

"그렇죠."

"그때 여기저기 여행도 많이 가고 놀러도 많이 갔잖아."

"그렇죠."

"그리고……."

"그리고요?"

절정의 순간이었습니다.

"사진도 엄청 찍었지. 그것도 새로 산 디지털카메라로. 화상도가 엄청 높은 디지털카메라로."

"…… 그래서요?"

고모는 잠깐 동안 생각에 잠겼다가 비꼬는 투의 목소리로 말했습니다.

"아직도 모르나 본데. 하하하."

고모부는 먹잇감을 앞에 두고 장난치는 사자처럼 천천히 말을 이어 나갔습니다.

"그때 그 깁스는 다 버렸지. 하지만! 디지털카메라로 찍은 사진을 확대해서 보면 깁스에 쓴 당신의 핸드폰 번호 글씨를 선명하게 찾아낼 수 있을 걸. 아암! 찾아낼 수 있고말고."

"아니, 애들 앞에서 무슨 소리를 하는 거예요."

고모는 이상한 말로 고모부에게 핀잔을 주며 화를 냈습니다. 너무나 크게 화를 낸 나머지 주위 사람들이 갑자기 고모를 쳐다보았습니다. 열차 안이 조용해졌습니다. 그리고 한동안 적막이 흘렀습니다.

누구보다도 규선이는 조용한 적막을 즐겼습니다. 규선이가 좋아하는 고모부가 승리했기 때문이었습니다. 고모가 깁스에 적어 놓은 핸드폰 번호가 잘 나온 디지털 사진을 보내 달라고 하지 않아도 이제 규선이는 누구의 말이 진실인지 알게 되었습니다.

그런데 토라져 있던 고모에게 고모부가 애교 떠는 목소리로 말을 걸었습니다.

"그래, 맞아. 당신이 먼저 전화했나? 내가 먼저 했지. 그래 맞

아. 내가 먼저 병원에 찾아갔지."

규선이는 어안이 벙벙해졌습니다. 분명히 오늘 진실게임의 승리자는 고모가 아니라 고모부였습니다. 그런데 고모부가 패배자처럼 행동하는 것이었습니다.

"규선아, 사실은 고모부가 병원에 찾아가서 고모 보고 만나 달라고 빌었어. 알았지!"

고모부는 하도 강조해서 지금 당신이 말하는 내용이 억지라는 점을 더 잘 증명하고 있는 것 같았습니다.

"사실은 고모부가 먼저 전화하고, 먼저 찾아가고, 먼저 프러포즈한 거야!"

이런 억지스러운 말을 들은 고모의 얼굴에 화색이 돌기 시작했습니다.

규선이는 이제야 알았습니다. 고모부가 말하는 사실은 사실이 아니라는 것을. 사실은 그 정반대라는 사실을 알았습니다. 이 세상에서 사실이라 말하는 것이 사실은 사실이 아닐 수도 있다는 것을 알게 되었습니다.

드디어 기차는 종착점인 경주역으로 미끄러져 들어가고 있었습니다. 규선이를 기다리고 계실 할머니 얼굴이 떠올랐습니다. 경주

역내에 들어서니 감칠맛 나는 할머니의 옛날이야기가 더욱더 그리워졌습니다.

2 역사는 사료 속에서 부활한다

"할머니!"

"오, 야, 규선이 왔구나! 아이고 내 새끼!"

대문 앞에서 규선이와 할머니는 한참 동안 서로 부둥켜안았다가 볼에 뽀뽀하고 또 부둥켜안았다가 손을 놓았습니다. 마치 60년 만에 이산가족이 상봉하는 것 같았습니다. 모든 사람이 그저 지켜보고 있어야만 했습니다.

"할머니, 저도 왔습니다."

"오냐, 성우도 왔구나."

올해로 팔순이 되시는 할머니보다 훨씬 키가 큰 성우의 등을 서너 번 두드리시면서 대답하셨습니다. 엄마도 고모, 고모부와 함께 인사를 했습니다. 반가운 나머지 할머니의 눈가는 눈물이 그윽맺혔습니다. 엄마가 할머니 드시라고 맛있는 한과를 사 가지고 왔건만 할머니는 양손에 규선이와 성우의 손을 꼭 잡고 집 안으로 들어가셨습니다. 할머니에게는 우리가 할머니 삶의 증거인 셈이었습니다.

그날 저녁이었습니다. 저녁식사를 마친 후, 규선이는 으레히 그랬던 것처럼 할머니에게 달려갔습니다. 옛날이야기를 해달라고 조르기 위해서입니다.

"할머니, 오늘도 재미있는 이야기를 해 주세요."

"그래. 근데 지난번에는 무슨 이야기를 해 줬지?"

"지난번에는 설총 이야기를 해 주셨는데요. 원효대사와 요석공주의 아들 이야기 말이에요."

"그래, 맞다. 그럼, 오늘은?"

할머니를 하염없이 바라보는 규선이의 눈동자에는 할머니의 모습이 커다랗게 떠올랐습니다.

"오늘은 이걸 보여 주지."

할머니는 장롱 속에서 오래된 반짇고리를 꺼내셨습니다. 반짇고리는 오래되어 보였지만 아직도 영롱하게 빛나는 십장생 문양이 새겨진 자개로 덮여진 육각형이었습니다.

"규선이는 이 반짇고리를 처음 보니?"

"네, 할머니."

잔뜩 호기심에 부푼 규선이는 대답하고서 반짇고리를 요리조리 살폈습니다.

"이 반짇고리는 내가 시집을 때 해 온 건데, 아직도 새것 같지?"

규선이는 '네'라고 대답했지만, 그건 어쩔 수 없이 한 대답이었습니다. 분명 새것은 아니지만, 할머니의 눈에는 새것과 다를 것이 없다고 생각했기 때문이었습니다.

"이 반짇고리에는……."

할머니는 조용히 말씀하시며 반짇고리 뚜껑을 여셨습니다. 반짇고리에는 있어야 할 실, 바늘, 골무 등이 없고, 편지와 사진으로 가득 차 있었습니다.

이때, 스르륵 문이 열렸습니다. 성우였습니다. 성우는 슬그머니 들어와 앉았습니다.

"이건 내 보석 상자야. 내 모든 기쁨도 슬픔도 희망도 다 여기 있거든."

호흡을 길게 들이마시며 말씀하시는 할머니를 제치고 규선이는 탈색된 사진 한 장을 꺼내들었습니다. 성우도 빛바랜 사진을 자세히 훑어보며 물었습니다.

"할머니, 이게 누구예요? 얼굴이 정말 달덩이처럼 동그래요."

그 사진 속에는 흰 저고리에 검정 치마를 입은 젊은 처녀가 서 있었습니다.

"그게 누굴까?"

할머니는 웃으시면서 물으셨습니다.

"할머니! 할머니죠?"

한껏 목청높여 대답한 규선이는 고개를 끄덕이는 할머니를 호기심 어린 눈으로 쳐다보았습니다.

"할머니, 젊었을 때 무지 예쁘셨네!"

"이눔아, 난 아직도 예뻐."

"물론 지금도 예쁘시죠."

할머니의 해맑은 역정을 성우가 금방 받아쳤습니다.

"아마, 이 사진은 내가 열네 살쯤 되었을 때였을 거다. 내가 신학교에 다니던 때인데⋯⋯."

할머니가 말을 채 끝내기도 전에 규선이는 또 다른 사진을 집어 보았습니다.

"으음. 이 사진에는⋯⋯. 이건 할머니. 그리고 이 사람은 누구예요? 미국 사람?"

"그 사람은 미국 선교사야. 영어도 가르쳐 주고 성경도 가르쳐 주고."

"이름이 뭐예요?"

"이름? 이름. 잊어버렸단다. 한 2년 가깝게 공부했기 때문에 기억이 날만도 한데⋯⋯."

할머니는 허공을 두어 번 쳐다보시다가 기억해내는 일을 포기하셨습니다.

"전에는 영어 노트랑 그 선교사가 쓴 편지랑 모두 가지고 있었는데 동란 때 피난 가는 통에 잃어버렸단다."

할머니는 6·25를 언제나 '동란'이라고 부르셨습니다.

"규선아, 사진을 잘 보관해 놓으면 볼 때마다 그때 일이 새록새록 기억나지. 그때 있었던 일들이 저절로 떠올라. 하지만 사진은 이미지일 뿐이야. 사진도 모든 것을 담을 수는 없어. 어딜 가든 너는 꼭 글로 잘 기록해 두어라."

이 말을 하는 동안 할머니는 한숨을 내쉬셨습니다.

"왜요, 할머니?"

"지금 봐라. 선교사를 찍은 사진이 있어서 그 사람 얼굴을 볼 수 있다만. 거참. 이름 석 자도 기억 못하다니."

"호호호. 할머니, 미국 사람 이름은 석 자가 아닌데?"

"그냥, 그렇다는 거지. 영어로 머시라 했는데…… 적어 놓은 일기장도 잃어버리고 받은 편지도 잃어버렸으니, 어디서 그 이름을 기억해낸담."

"왜, 이름을 모르면 안 되나요?"

규선이는 턱을 괴며 물었습니다.

"이름은 단지 이름이 아니야. 그 사람의 모든 것은 아니지만, 사람의 가장 중요한 특징을 보여 준다고나 할까? 이름을 통해서 그 사람을 이해하는 것이니까, 그 사람의 '모든 것'이라고 불러도 좋을 게다."

"이름이 그렇게 중요해요?"

규선이는 갸우뚱거리며 물었습니다.

할머니는 두 손을 번쩍 들어 무당춤을 추듯 공간을 휘저으며 말

錄 正祖二十二年戊午 六月 上

人帳籍及公私文字皆以眞姓

…前銜南仇止…

…爲向來軍門將校仇始昌幸蒙特恩…

姓仇字爲具以仇爲姓者擧皆集

云即何據之始昌旣以特恩改其

戊午十一月

同姓者皆當一依始昌例改以具

及焉繁不必追改自今以後仇姓人帳

文字皆以眞寫勿行幸請分付

씀을 이어가셨습니다.

"죽은 혼백을 불러낼 때도 반드시 이름을 불러야 하는 것처럼, 사람의 이름을 부르고 있으면 옛날이야기들이 다시 살아나 내게 오는 것 같거든."

규선이가 깜짝 놀라 몸을 움츠렸습니다. 그러자 할머니는 웃으시며 부드러운 목소리로 토닥거리셨습니다.

"무당굿을 하는 것은 아니니 걱정하지 마라."

"규선아, 봐라. 사진마저 없었다면, 내가 젊었을 때 코가 크고 눈이 부리부리한 선교사에게서 성경을 배웠다고 누가 믿을 것 같냐? 만약 선교사가 보낸 편지가 있었다면, 설명하지 않아도 대번에 저절로 증명이 되었을 텐데 말이다."

"난, 할머니가 선교사한테 영어로 성경을 배웠다는 거 처음 들었어요."

성우는 전에는 몰랐던 할머니의 모습을 이제 알게 되어 놀라기도 하고 기쁘기도 했습니다. 일제 강점기 때의 선교사 이야기가 전혀 남의 이야기가 아니었다고 생각하니 더욱 벅차올랐습니다.

"그래, 맞다. 증명하는 것보다 더 중요한 것은 그 남아 있는 기록으로 해서 그때의 일들을 회상하며 나를 돌이켜 볼 수 있는 거지. 현재 내가 어떤 모습으로 있던지 간에 말이다."

"참, 할머니는 일기도 잃어버리셨다면서요?"

"내가 그랬니?"

성우의 질문에 할머니는 눈을 깜빡거리며 말씀하셨습니다.

"아이구, 별걸 다 기억하네! 할머니의 아버지, 그러니까 너희들의 외고조할아버지는 일곱 명의 아들과 딸들에게 모두 일기를 쓰라고 하셨지. 일기는 자기 자신의 역사이기도 하고, 가족의 역사이기도 하고, 민족의 역사이기도 하다고 하셨어. 개인 하나하나가 모여서 가족이 되고, 고장이 되고, 민족이 되는 거니까 말이야."

할머니는 말씀을 하시다가 갑자기 흘러내리는 눈물을 손수건으로 가볍게 닦으셨습니다.

"그래서 일기를 오랫동안 써 왔고 또 간직해 왔지. 처음 몇 년은 지루하고 따분하기도 했는데…… 동란 피난 시절부터 일기를 볼 때마다 많은 과거의 일들이 생각나곤 해서 눈물도 많이 흘리고 웃기도 했지. 동란에서 날 구했던 건 내 일기장이었어. 내 피난처였고 환상의 세계였으니까."

"그런데 어쩌다가 잃어버리셨어요?"

"다 내 탓이란다."

"왜요? 할머니."

"동란, 어느 겨울에 너무 추워서 책을 모아다 불에 태웠는데, 그 때 같이 태운 것 같아. 그 후론 찾을 수가 없었으니까."

"그렇게 된 거구나."

규선이는 혼잣말로 중얼거리며 입을 실룩거렸습니다.

"시간이 지날수록 기억은 희미해져서 생각은 나지 않고, 그래서 일기가 더욱더 소중하게 느껴지는구나. 지금도 가지고 있다면 우리 예쁜 규선이에게 많은 이야기를 들려 주었을 텐데 말이야."

"일기장이 없어도 재미있는 이야기 많이 해 주시잖아요."

성우는 할머니의 서운한 마음을 조금이라도 덜어드릴 생각으로 말을 건넸습니다.

"그래서 일기를 써야 하는 거야. 알았지? 조선 시대에는 왕 옆에서 매일 일기를 썼다고 하지 않던? 자기 자신이 왕이다 생각하고 매일 나의 행동과 생각을 일기에 적어야 하는 거야. 그러면 훗날 그 읽기를 읽어보면서 과거의 자신을 반성하고 미래를 설계할 수 있는 거란다."

"네."

성우는 괜히 잘못 말했다는 생각이 들어서 얼른 대답했습니다.

"국가의 크고 작은 일들을 기록한 것으로 《승정원 일기》나 《일성록》 등은 모두 일기의 형식으로 쓰였단다. 불행하게도 임진왜란 이전의 《승정원 일기》는 없어져서 현재 남아 있지 않지. 이 할미의 일기가 동란 때 없어진 것처럼 말이야."

"일기를 잃어버렸다고 역사도 없어지나요?"

규선이가 물었습니다.

"그래, 없어지는 것은 아니지. 하지만 그 역사를 기억해낼 수 없으니 없는 것과 마찬가지지."

할머니의 한숨은 할머니 개인만의 한숨이 아니었습니다. 할머니의 역사는 우리 가족의 역사이기도 했기 때문입니다.

3 잊히지 않고 더욱 또렷이 돋아나는 기억

"어, 이거 신문 쪽지인데!"

규선이는 할머니의 '보물 상자'를 뒤적이다가 오려 둔 신문 기사를 발견했습니다.

"최근 신문 같아."

성우는 신문을 유심히 살펴보고 말했습니다.

"그래, 한 5~6년 되었을 거다. 2002년 7월 신문이니까."

"근데, 왜 이게 할머니 보물예요?"

규선이는 의아해하면서 물었습니다.

성우는 천천히 '해남 보도연맹 진도 갈매기 섬에서 집단학살'이라는 신문 기사 제목을 읽어 내려갔다.

"그게 말이다……."

할머니는 한숨을 길게 내쉬면서 말문을 여셨습니다.

"할머니가 젊었을 때, 그러니깐 일제 때와 해방 직후에는 전남 해남에서 살았지."

"서울이 아니고요?"

깜짝 놀란 규선이는 짧게 소리를 질렀다.

"원래 할미 고조할아버지는 평북 정주에 살았는데, 전남 해남으로 이사를 와서 해방 직후까지 그곳에서 살았지. 그러다가 서울로, 그리고 경주로 이사를 왔고."

"그래요? 북한에서 살았어요?"

성우도 놀라서 물었습니다.

"그때는 북한이 아니었지."

할머니는 한숨을 몰아쉬며 말씀하셨습니다. 그러자 성우는 머리를 긁적이며 "아참, 그렇군요!"라고 대답하고는 혼잣말로 자신에게 중얼거렸습니다.

"멍청하긴……."

"할미가 그 신문 기사를 오려서 간직하고 있는 이유는……."

할머니는 말씀을 하다가 말고 멈추셨습니다. 말씀을 계속할까 주저하시는 모습이었습니다. 할머니는 다시 이야기를 꺼내셨습니다.

"그래, 너희도 언젠가 알아야 할 이야기니…… 일제에는 일본이 적이었어. 그래서 적을 무찌르기 위해 여러 운동을 했지."

"할머니, 독립운동이요?"

"그래, 독립운동. 하지만 독립을 위해 여러 방식으로 운동을 펼쳤어. 특히 농촌에서는 적을 상대하기 위해 서로 협력하자는 의미에서 농업협동조합 운동이 벌어지기도 했고, 사회주의 사상에 푹 빠져서 혁명을 일으키자는 사람들도 있었지. 해남에서도 마찬가지였단다."

"그런데, 사회주의가 뭐예요?"

규선이는 머리를 긁적이며 물었습니다.

"사회주의는 간단히 말하자면 개인들의 재산을 공동체 전체의 재산으로 해서 필요할 때 함께 나누고 쓰자는 훌륭한 생각을 실천하려는 것이지. 여기서 가장 중요한 문제는 그 훌륭한 생각이 현실에서 과연 이루어질 수 있겠냐 하는 것이야."

"다 함께 다 같이 살자는데, 좋은 생각 같아요."

규선이는 고개를 끄덕이며 대답했습니다. 그러자 성우는 "현실
성이 문제라니까" 하며 규선이에게 핀잔을 주었습니다.

"암튼, 당시에는 눈앞에 일본이라는 적이 있었으니까 운동을 열
심히 했지. 대단했어. 아암…… 대단했고말고. 지상에서 천국을
만드는 운동이었으니까."

"그럼, 정말 천국을 만들었어요?"

규선이의 물음에 할머니는 함박웃음을 터뜨리면서 말했습니다.

"아이구, 우리 규선이만 있으면 모든 세상이 천국이지."

할머니는 규선이 볼에 뽀뽀를 하셨습니다.

"그런데 해방된 직후에 문제가 발생했어. 일본 놈들이 모두 가
버렸지. 그리고 미군이 그해 11월에 해남에 왔어. 그리고 미군은
군정, 그러니까 군사 통치를 했지. 처음에 미국 군정은 일본을 상
대로 싸웠던 사람들로 구성된 해남인민위원회와 자발적으로 사회
질서를 지키기 위해 만든 조직인 치안대를 실제 경찰로 인정했지.
그러다가 미군과 인민위 사이가 나빠지기 시작했어."

"앗, 왜요? 잘 지내다가 왜 나빠졌어요?"

규선이는 궁금증을 참지 못하고 물었습니다.

"미군정은 일제 때처럼 토지를 빌려 농사를 지은 결과로 지불하는 사용료를 받는 데 찬성했어. 하지만 인민위는 일제가 없어지면 천국이 올 줄 알았는데 일제 때와 다를 바 없이 소작료를 내야 했거든."

"그래서 어떻게 했어요?"

"농민들은 조직적으로 시위를 했고, 미군은 인민위 지도자들을 체포하고, 시위를 강압적으로 막았지. 해남 사람들은 이 사람들을 석방시키라고 시위를 벌였고, 미군은 일제 때 경찰이었던 사람들을 다시 경찰로 불러들였어."

"와, 엎치락덮치락 했네요."

성우는 몹시 흥분한 듯 말했습니다. 할머니는 쓴웃음을 지으면서 말을 이었습니다.

"미군정은 봉기에 참가한 사람들을 잡아가거나 죽이기도 했어. 그리고 많은 사람들이 아무런 이유 없이 혹은 봉기에 단순 가담했는데 붙잡힌 사람도 있었어. 어떤 경우에는 실제로 죄는 없는데 그냥 개인적으로 기분 나쁘다고 거짓으로 고발해서 감금된 사람도 있었지."

"아니, 죄 없는 사람들을 왜 가두고 그래요?"

성우는 펄쩍 뛰었다.

"당시에는 그랬단다. 봉기하는 동안 경찰서가 습격당했고, 밤마다 횃불을 밝혔지. 봉기를 일으킨 사람들은 죽창에 몽둥이를 들고 다니며 마음껏 승리의 기쁨을 누렸어. 하지만 미군정과 경찰은 숨어서 도망 다니느라 미칠 지경이었으니까."

"그래서요, 할머니?"

규선이는 귀를 쫑긋 세우며 이야기를 재촉했습니다.

"봉기를 앞에서 이끈 사람들은 거의 모두 사살되거나 빨치산이 됐고…… 한 2년 반이 지나서 봉기에 단순히 참여하기만 했던 사람들은 보도연맹이라는 단체에 강제로 가입되어 감시를 받아야 했지."

"그게 끝이야? 아이고, 재미없어!"

규선이는 입을 삐죽거리며 말했습니다. 그러자 성우는 '난 재미있는데!' 라며 할머니를 계속 쳐다보았습니다.

"그런데 6월 25일에 동란이 일어났지! 북한이 남한을 침략해서 내려오니까, 경찰들이 놀라서 보도연맹에 가입된 사람들을 모두 감금했어. 왜냐하면 이 사람들이 북한이 남한을 침략했다는 소식을 듣고 북한에 동조해서 반란을 일으킬까 봐 무서웠던 게지."

"감금해서 어떻게 했어요?"

"모두 죽이려고 했는데, 만약 이 사람들을 모두 죽이면 북한 인민군이 내려와서 엄청난 보복을 할까 봐 풀어 줬어."

"응, 잘 됐네요."

"그런데 인민군이 곧 들이닥친다는 소식이 떠돌아 다닌거야. 그래서 부산으로 피신을 가면서 그 사람들을 다시 모두 붙잡았어. 그리고 배로 한 삼십 분 거리에 있는 갈매기 섬으로 끌고 갔어. 나도 거기에 끌려갔지. 그리고 거기서 모두 죽었어."

"……."

"네?"

규선이는 너무 놀란 나머지 눈만 깜박이고 있었고, 성우는 소스라쳤습니다. 한동안 방 안에는 차디찬 정적이 흘렀습니다. 정신을 차린 성우는 조용히 물었습니다.

"그럼, 할머니는 어떻게 거기에서 살아나셨어요?"

질문을 던진 성우는 할머니의 주름진 뺨 사이로 굵은 눈물이 흘러내리고 있다는 사실을 그제야 알아차렸습니다. 할머니는 약간 경직된 목소리로 말을 계속 이어가셨습니다.

"음력으로 유월 초하룻날이었지. 칠흑처럼 어두운 밤이었어. 정말 아무것도 보이지 않았지. 갈매기 섬에 내린 우리는 공포에 휩싸여 반쯤 넋을 잃었어. 우리를 일렬로 쭉 세우더니 총을 좌악 갈겨대는 거야. 탕탕탕. 총에 맞고 너나 할 것 없이 쓰러졌지. 나도 맞은 줄 알고 쓰러졌는데, 나중에 정신을 차리고 보니 총에 맞지 않은 거야."

"휴우, 다행이다."

규선이는 깊이 안도의 한숨을 내쉬었습니다.

"그때 나만 목숨을 건진 게 아니야. 많은 사람들이 살아남았지. 나는 얼른 묶인 포승줄을 풀고 헤엄쳐 도망쳤지. 지금도 어떻게 헤엄쳐 나왔는지 기억나지 않아. 한참 헤엄쳐 나오는데, 갈매기 섬에서 다시 총소리가 들려왔지. 배를 타고 갔던 경찰이 다시 돌아와서 확인 사살을 했던 거야. 한동안 갈매기 섬에는 썩은 시체 냄새가 진동했어. 바람에 날려 오는 냄새에 다들 그 소리를 하곤 했지."

할머니는 이야기를 마치고 침대 머리맡에 놓아둔 물을 깊이 들이마셨습니다.

"이 할미는 오늘까지도 그때 그 갈매기 섬 일을 생각하면 마음이 떨려서 아무 일도 못한다. 몇 번이고 이 이야기를 글로 적어야지 했다가도 떨려서 그만두었지. 그 일이 얼마나 큰 충격이었는지는 글로 남길 필요도 없었어. 달빛 한점 없는 날에 벌어진 일이었지만 너무나 선명하게 떠오르곤 했지."

"그래도 후손들을 위해 적어 놓으셔야지요."

묵묵히 듣고 있던 성우는 묵직한 목소리로 말하며 할머니의 슬픈 마음을 어루만졌습니다.

"그런데 '해남신문'에 기사가 난 갈매기 섬의 학살 사건을 보고 누가 내게 보내 줬단다. 그 학살 이야기를 털어놓으려면 엄청난 용기가 필요했을 거야. 그래서 내가 그 기사를 오려서 보관해 왔던 거지."

"네, 잘 하셨어요. 이젠 할머니가 저희를 위해서 이야기를 쓰실 차례예요."

성우는 어깨가 축 늘어진 할머니를 꼭 껴안았습니다. 규선이도 함께 꼭 껴안았습니다.

할머니 방문을 노크하는 소리가 났습니다.

"어머님, 피곤하시지요?"

엄마가 문을 열면서 할머니께 물었습니다. 그리고 규선이와 성우에게도 말했습니다.

"애들아, 이제 할머니 주무시게 나와야지."

"괜찮다."

할머니는 괜찮다고 손사래를 치셨습니다.

"안녕히 주무세요."

성우와 규선이는 할머니께 인사하며 방에서 빠져나왔습니다.

오늘 밤에는 할머니가 유달리 용감해 보였습니다.

사료란 무엇인가

사료는 과거사실을 기록한 것입니다. 과거사실은 과거에 발생한 사건이나 일이지만, 과거사실은 기록하지 않으면 쉽게 잊어버립니다. 설령 기억한다고 하더라도 사건의 전후관계가 어떻게 되었는지 정확히 알 수가 없습니다. 따라서 사료는 과거사실을 알아내는 데 있어 매우 중요한 역사 도구입니다.

사료라는 것은 역사를 연구하는데 사용되는 기록의 자료라는 뜻입니다. 사료라고 말하거나 기록이라고 말하는 것은 동일한 의미라고 할 수 있습니다. 다만 사료라는 말은 기록 가운데에서 역사 연구대상이 되는 것을 강조하기 위해 사용하는 용어일 뿐입니다.

사료는 1차 자료와 2차 자료로 구분할 수 있습니다. 1차 자료는 과거사실을 직접 경험한 사람이 기록한 것입니다. 예를 들면, 일기나 편지 등은 1차 자료라고 할 수 있습니다. 2차 자료는 1차 자료를 가지고 해당 과

거사실에 대한 글을 작성하는 것입니다. 예를 들면, 에이브러햄 링컨을 연구하는 학자가 링컨의 편지와 일기를 가지고 그의 생애에 대해 글을 작성한다면 그 글은 2차 자료가 됩니다. 하지만 어떤 역사가가 어떤 사건을 직접 경험하고 그 사건에 대해 글을 작성하는 경우, 그 글은 다른 사람에게 1차 자료도 되고 2차 자료도 될 수 있습니다.

또한 사료에는 문자 자료와 비문자 자료가 있습니다. 글로 작성된 일기, 편지, 비석에 새겨진 글 등과 같은 것은 문자 자료입니다. 그러나 그림, 사진, 이미지, 영상, 벽화, 상징, 도구나 기구 등은 비문자 자료입니다. 흔히 역사학은 문자 자료를 대상으로 하고, 고고학에서는 비문자 자료를 다룬다고 말합니다. 그러나 요즘 역사학에서도 이미지, 그림 등의 의미를 살펴보고 연구의 대상으로 삼는 경향이 확산되고 있습니다.

사료는 과거사실에 대한 기록입니다. 따라서 사료가 보여 주는 과거사실은 과거사실 그 자체가 아니라 과거사실에 대한 — 사료 기록자가 작성한 — 사실입니다. 과거사실 그 자체는 과거의 특정한 시점과 장소에 일어났던 사건 그 자체입니다. 그리고 사료 기록자는 그 사건을 자신이 본 관점에서 기록합니다. 사료에 남아있는 기록자의 글은 사건 그 자체가 아니라 그 사건에 대한 설명입니다. 따라서 사료는 과거사실을 보여 주는 것이 아니라 그 과거사실에 대한 설명을 보여 주는 것입니다.

　과거사실에 대한 설명을 간직하고 있는 사료를 제대로 읽으면 그 과거사실이 무엇이었는지 알 수 있습니다. 사료를 잘 읽으면 과거가 보인다고 말하는 사람이 있습니다. 하지만 사진에 이름표가 없다면 사진이 그 사진 속 사람의 이름을 가르쳐 줄 수 없듯이, 사료가 설명하고 있는 과거사실의 모든 것을 보여 줄 수 없습니다. 비록 사료가 나름대로 그 한계를 가지고 있을지라도, 사료가 없다면 역사도 찾을 수 없습니다.

3

오늘의 눈으로 읽는 역사

1. 관계가 바뀌면 역사도 바뀐다?
2. 시대가 바뀌면 역사도 달라진다?

 역사는 하나의 사회적인 과정이며, 개인은 그 과정에 사회적인
존재로서 참여한다.

— E. H. 카

1 관계가 바뀌면 역사도 바뀐다?

"아니, 뭐라고요!"

아침 밥상머리에 고모의 목소리가 쇳소리를 내며 가파르게 올라갔습니다.

"내가 뭐라고 했나?"

고모부는 허공을 쳐다보며 딴청을 피웠습니다.

"당신이 나보고 이기적인 사람이라면서요!"

고모는 몹시 화가 나서 얼굴이 붉으락푸르락 변했습니다. 잉꼬

부부로 소문난 고모와 고모부가 싸우는 모습을 보니 중대한 이유가 있나 봅니다.

"고모, 왜 그러세요?"

옆에 있던 엄마가 보다 못해 물었습니다.

"글쎄, 이 사람이 저보고 이기적이라잖아요."

"왜요?"

"제가 이 사람한테 일을 보고 나면 좌변기 아래 뚜껑을 내려 달라고 했거든요."

"그런데요?"

"그런데 이 사람이 못하겠다고 그래요. 자기가 일 보려고 올렸으니까 올린 사람이 내려야지요. 안 그래요? 좌변기에 얼마나 병균이 많은데요. 지하철 손잡이보다 열 배나 많아요. 당연히 더럽죠."

엄마는 콩나물국을 뜨면서 물었습니다.

"고모부는 아래 뚜껑을 왜 안 내리시겠다고 하시는데요?"

'듣고 보니 사소한 일이네.'

엄마의 말을 듣고 규선이는 별일 아니라고 생각했습니다.

"글쎄 이 사람은 자기 일 볼 때 뚜껑을 올리고 했으니까, 내가 일 볼 때는 내가 내려야 한다는 거지요. 그래야 공평하다고요. 하지만 여자를 위해서 뚜껑을 덮어 놓는 것은 예의 아닌가요?"

"예의은 무슨, 말라비틀어진 예의."

고모부는 퉁명스럽게 말했습니다.

"아니, 좌변기에 뚜껑이 두 개나 있는데 내가 일 볼 때는 두 개를 열어야 하고, 자기가 일 볼 때는 하나만 열면 되잖아. 그러니까 아래 뚜껑이 덮여 있을 때는 내가 열고, 뚜껑이 올려져 있을 때는 자기가 내리면 되지. 그게 공평하지."

뾰로통하게 삐친 고모가 뭐라고 반박하려는데, 할머니가 거실로 나오셨습니다. 고모는 얼른 안색을 바꾸며 아침 인사를 했습니다. 하지만 고모부를 바라보는 고모의 눈길은 여전히 타닥타닥 불꽃이 튀는 것 같았습니다.

이렇게 아침 식사 시간이 지나갔습니다. 할머니께서 후식까지 모두 드시고 방 안으로 들어가자마자 고모와 고모부의 싸움은 계속되었습니다.

"저 사람은 치약을 아래부터 짜서 쓰지 않고 아무데나 짜서 쓰지요."

"홍! 저 사람은 아침에 화장하는 데만 1시간이에요."

"저 사람은 예쁜 여자가 지나가면 자동이에요. 얼굴이 자동으로 돌아가죠."

"흥! 저 사람은 매일, 다른 집 남자들이 모두 나보다 잘났다고 핀잔이에요."

"사랑싸움은 그만하세요."

엄마는 코웃음 치면서 방 안으로 들어갔습니다. 하지만 규선이와 성우는 재미있는 듯 부부싸움을 구경하고 있었습니다. 부부싸움 도중에 고모와 고모부가 처음 만난 일을 다시 끄집어 낸 사람은 고모였습니다.

"규선아, 사실은 고모부가 처음 응급실에 와서 치료받을 때, 얼마나 흉측했는지 아니? 오른쪽 이마에서 피는 흘러나오지, 그걸 보고 잔뜩 겁에 질려서 말도 못하고 벌벌 떨더라."

"정말이요? 고모?"

깜짝 놀란 규선이가 물었습니다.

"그럼, 이마에서 피가 흐르는데 고모부는 '어떻게 하죠, 어떻게 하죠?' 라고 말까지 더듬더라."

"아니, 내가 언제? 규선아, 고모는 피가 나는 이마는 안 보고 뚫어져라 내 눈만 쳐다봤다! 또 깁스할 때는 어떻고? 고모는 콧소리를 내면서 '많이 아프세요?' 하면서 온갖 아양을 다 떨더라!"

"뭐라고요! 이 사람이 보자보자 하니!"

고모의 목소리가 한 옥타브나 올라갔습니다.

"사실은 규선아, 고모부가 날 처음 만났을 때 나보고 자기가 변호사라고 그랬다! 사법연수원은 커녕, 시험 보러 가다 사고가 나서 응급실에 실려 온 주제에, 흥! 그러면서 자기랑 결혼하면, 변호사라서 호강할 수 있다고 허풍이나 떨고!"

"규선아, 고모가 나처럼 멋있고 듬직하게 생긴 남자는 처음 봤다고 처음부터 핸드폰 번호 적어 주고, 결혼하자고 계속 연락하는 거야. 자꾸자꾸 떼를 쓰는 거야. 그래서 할 수 없이 결혼해 줬지! 사실 고모부는 다른 여자랑 사귀고 있었거든."

"흥! 누군 사귀는 사람 없었나? 그렇게 따지면 난 남자가 한 트럭은 되겠네."

"으응, 그래. 그 사람들이 대학 동아리 사람들이잖아. 대학 선후배는 남자 친구도 아니라고!"

"그렇다고 당신처럼 누구를 속이고 사기를 치지는 않아!"

"아니, 뭐라고?"

"그때 사귀는 남자들 중에는 재벌 2세도 있었네요, 뭐!"

"왜? 그 사람한테 시집가지 그랬어? 흥! 나도 거의 미스 유니버스같은 여자도 있었어."

한참 싸우는 통에 고모와 고모부의 첫 만남 이야기는 졸지에 서로 속고 속이는 사기 사건으로 비화하였습니다. 지금 고모와 고모부의 눈에는 첫 만남이 아름다운 과거가 아니라 서로 인생의 앞길을 가로막고 있는 괴담일 뿐이었습니다.

"그래요. 당신만 잘 나갔나? 나도 그때 잘 나가고 있었어요. 연애하느라 전문의 되기까지 시간이 오래 걸리고 힘들었다고요."

그러다가 고모는 갑자기 눈물을 쏟기 시작했습니다.

규선이는 어찌할 바를 모르고 있었습니다. 부부의 첫 만남은 사랑스럽고 아름다운 순간이라고 생각했던 규선이는 그저 놀라울 뿐이었습니다.

"내가 미쳤지! 저런 사람을……. 아이고."

고모는 펑펑 울었습니다.

"속인 사람이 누군데……."

보고 있던 고모부는 어쩔 줄 몰라 안절부절하며 자리를 피해 방 안으로 들어갔습니다. 성우도 더는 듣기가 거북했던지 슬그머니 자리에서 일어나 자기 방으로 사라졌습니다.

고모의 울음소리를 들은 할머니께서 나오셨습니다.

"누가 우냐?"

고모는 할머니의 목소리에 울음을 그쳤지만 눈은 뻘겋게 퉁퉁 부어 있었습니다.

"왜 우냐?"

할머니가 물었습니다. 고모는 말을 할 듯 안 할 듯하다가 또다시 크게 울음을 터뜨렸습니다.

"엄마, 그이가 나 사랑 안 한대!"

보고 있던 규선이는 어안이 벙벙해졌습니다. 사기 운운하던 고모의 말 한마디로 인해 이젠 고모부가 고모를 사랑하지 않는 사람이 된 것입니다. 할머니는 고모의 등을 토닥이면서 규선이에게 말했습니다.

"네 방으로 들어가련?"

규선이는 혼잣말로 '어른들 세상은 알 수가 없다니까' 하며 성우가 있는 방으로 들어갔습니다. 규선이는 게임을 하느라 컴퓨터 모니터에 얼굴을 파묻고 있는 성우의 등을 톡톡 건드렸습니다.

"오빠, 고모와 고모부가 처음 만난 게 사랑이야? 아님 사기야?"

성우는 질문을 듣자마자 갑자기 웃음을 터뜨릴 뻔했습니다. 그리고 '너는 몰라도 돼!' 라고 말하려다 물끄러미 규선이를 쳐다보았습니다.

"규선아, 여기 물이 반쯤 담긴 컵이 있다고 하자. 물이 반이나 없어진 거야? 아님 물이 반이나 남은 거야?"

"그거야 보기 나름이지. 부정적이면 반이나 없어졌다고 말할 거고, 긍정적이라면 반이나 남았다고 대답하겠지."

"그렇지? 지난 과거도 그런 거야. 네가 어떻게 보느냐에 따라 많이 달라질 수 있어. 과거사실은 그대로 있는데 말이야."

"그럼 오빠 말은 고모와 고모부가 만난 게 사기일 수도 있다는 뜻이야?"

"하하. 만약에 그럴 일은 거의 없겠지만, 지금 고모와 고모부가 헤어졌다고 가정해 봐. 이혼했다고. 막 울면서 말이야. 그럼 고모와 고모부가 처음 만난 사건은 정말 사기처럼 느껴질 수도 있을 거야."

"하지만 사기는 아니잖아."

"그렇지. 하지만 사랑하다 보면 좀 과장되게 이야기하게 되고, 자기를 부풀려서 이야기하기도 하고 그러지. 또, 듣는 사람도 그 사람 이야기만 들으니까 과장해서 해석하기도 하고. 그래서 사랑하는 사람들한테는 눈에 콩깍지가 쓰인다고 하잖아."

"호호. 그래? 오빠는 그런 사람 있어?"

"야, 있으면 벌써 결혼했지. 안 그래? 하하하."

방 밖에서는 여전히 흐느끼는 소리가 들려왔습니다. 그러나 규선이와 성우는 고모와 고모부의 첫 만남 이야기를 뒷전에 밀어둔 채 컴퓨터게임 세계 속으로 빠져 들어갔습니다.

2 시대가 바뀌면 역사도 달라진다?

"규선아, 할머니 방에 좀 들어가 봐라."

컴퓨터게임에 빠져 있는 규선이에게 엄마가 말을 건넸습니다.

"엄마!"

규선이는 엄마에게 싫다는 표정을 지었습니다. 하지만 엄마는 엄한 표정과 애교 있는 표정이 섞인 얼굴로 규선이에게 부탁했습니다. 고모를 달래 주느라 지치신 할머니를 위로해 드리라는 표정이 역력했습니다. 그래서 규선이도 성우도 엄마의 요청을 뿌리칠

수가 없었습니다.

"할머니."

규선이는 앙증맞은 눈웃음을 지으며 살짝 방문을 열었습니다.

"오냐."

할머니는 규선이에게 어제 보여 주셨던 '보물 상자'를 꺼내 보고 계셨습니다.

성우가 '들어가도 되나요?'라고 물어보려는 순간, 규선이는 벌써 할머니 무릎으로 쪼르르 달려갔습니다.

"할머니, 뭐 보고 계세요?"

"아, 이거."

할머니의 손에는 보훈처에서 보내온 여러 장의 '독립유공자 서훈 심사 탈락 통지문'이 들려 있었습니다.

"규선이는 할아버지가 일제 때 항일운동하신 거, 잘 알고 있지?"

"그럼요."

"할아버지는 독립운동가셨어."

"네, 잘 알고 있어요. 아빠가 늘 자랑스럽게 이야기하곤 하셨는 걸요."

어깨에 힘이 들어간 규선이는 아빠 흉내를 내며 의아한 눈초리로 물었습니다.

"그런데, 이건 뭐예요?"

"독립유공자인지 아닌지 심사해 주는 기관에서 너희 할아버지 심사 결과 통지서가 날라 온 거야."

"그럼 여기 '심사 탈락'이라고 적혀 있는 걸 보니, 할아버지는 독립유공자 심사에서 떨어졌단 거예요?"

"그래, 그렇단다."

혼란스러움이 가득 찬 규선이의 눈동자를 똑바로 바라보며 할머니가 입을 뗐습니다.

"할아버지가 할머니하고 결혼하기 전에 '농업협동조합운동'을 했어. 그리고 일본 놈들이 다스리는 세상을 바꿔보겠다고 늘 혁명을 주장하셨지."

"그러면 할아버지가 감옥에도 가셨어요?"

"그럼, 3년 동안 감옥에서 고생을 많이 하셨지. 모진 고문도 받았고. 감옥에서 나와서는 상하이로 가셨어. 그곳에서 '조선민족해방동맹'이라는 단체에 가입해서 열심히 독립을 위해서 일하셨지. 한때 상하이 임시정부에 몸담기도 하셨고."

"우와! 그럼 할아버지는 독립투사! 그리고 할머니는? 으음, 할머니! 할머니는 그 때 한국에 혼자 계셨겠네요?"

"호호호. 그때 할머니는 할아버지를 그저 막연하게 독립운동하시는 분으로 알고만 지냈지. 그때는 할미가 결혼하기 전이라고 하지 않았니."

"참, 그렇구나. 그럼 할머니는 뭐하셨는데요?"

"응. 난 한참 어렸어. 열 살도 채 안 되었었는 걸."

"호호호. 그래요?"

"난 너희 외고조할아버지한테 네 할아버지가 독립운동가였다는 사실을 들어서 알고 있었던 거지. 얼마나 고생하셨는지도. 해방이 되자마자 할아버지는 고향으로 돌아오셨고, 그때 이 할미는 처음 할아버지를 만났지."

옆에서 듣고 있던 성우가 물었습니다.

"그런데 할아버지가 독립운동가라면서, 왜 독립유공자 심사에서 탈락했어요?"

할머니는 물끄러미 성우를 바라보시면서 조그만 목소리로 대답하셨습니다.

"할아버지는 국가유공자가 되려고 독립운동을 하신 게 아니란

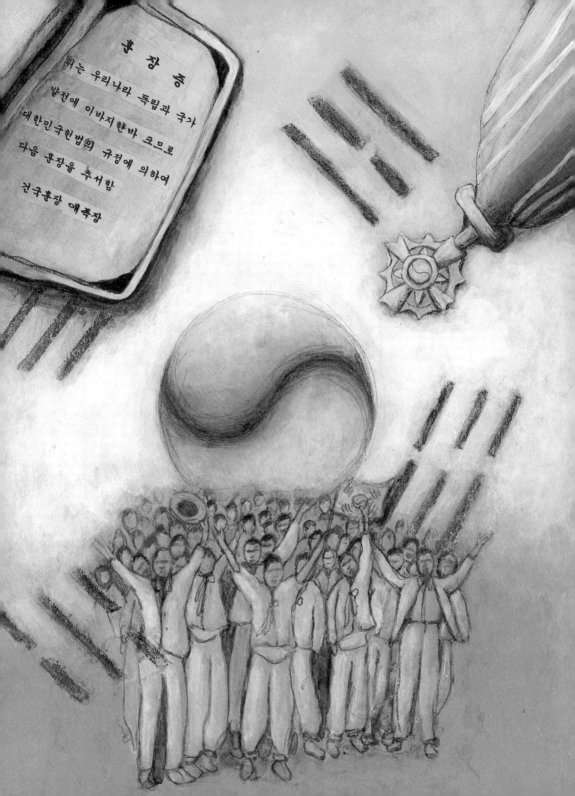

다."

"하지만 당연히 유공자로 대접받았었어야 하잖아요?"

성우는 서운한 마음에 금방이라도 울음을 터뜨릴 것만 같았습니다.

"할머니, 성우 오빠가 무슨 말을 하는 거예요?"

규선이는 어리둥절하는 기색이 역력했습니다.

"우리나라는 1945년에 일본으로부터 해방되었어. 그리고 우리나라가 헌법을 만들고 정부를 조직해서 국가를 세운 건 3년 후인 1948년의 일이지. 그런데 항일투쟁을 하던 사람들이 모두 힘을 합해서 1948년에 대한민국을 세운 것이 아니야."

"항일투쟁을 해서 해방됐고, 그래서 대한민국을 세웠으니까 그게 그거 아녜요?"

갸우뚱거리는 규선이를 보면서 답답했던지 성우가 끼어들었습니다.

"항일투쟁은 8·15 해방의 배경이 되었어. 항일투쟁의 직접적인 결과로 해방된 것은 아니니까. 그리고 해방이 곧 대한민국 건국을 의미하지는 않아. 해방 직후에, 북에는 소련군이 들어왔고 남쪽에는 미군이 들어왔지. 그러는 동안 항일투쟁하던 사람 중에서 일부는 미군에 반대하는 입장이 됐고, 일부는 지지하는 입장이 되었어. 그중에서 미군을 지지하는 사람들이 대한민국 건국에 앞장섰고. 그러니까 항일투쟁에 참여했지만, 미군에 반대했던 사람들은 결국 대한민국 건국에 반대하는 입장이 된 거야."

"아하! 그럼 항일투쟁한 사람들과 대한민국을 건국한 사람들이 똑같은 것이 아니네!"

"그렇지."

성우는 규선이가 알아들어서 신이 난다는 듯이 활기차게 대답했습니다. 성우의 맞장단에 깔깔대며 웃던 규선이는 갑자기 성우에게 물었습니다.

"그 이야기가 우리 할아버지하고 어떤 상관이 있어?"

"할아버지는 항일투쟁을 하셨지만 대한민국 건국에 반대하셨거든."

성우의 답변에 규선이는 소스라치듯이 깜짝 놀랐습니다.

"그러면 우리 할아버지가 대한민국 역적이야?"

'역적이라니⋯⋯.'

성우는 '역적'이라는 말에 더 놀랐습니다. 할머니께서 담담하게 말문을 여셨습니다.

"사실 역적으로 대우를 받으며 살았지. 어제 저녁에 할미가 갈매기 섬 사건을 이야기해 주지 않았니? 죄를 지은 건 하나도 없는데, 북한과 내통할지도 모른다는 히스테리 때문에 사람들을 데려다 무참하게 학살했던 게지. 그러니 역적으로 대우 받고 살았다 해도 과언이 아니야."

할머니는 깊이 한숨을 들이마신 후 말씀을 이으셨습니다.

"하지만 대한민국 건국 그 자체에 반대했던 것은 아니지. 문제는 '어떤 방식으로 건국을 할 것이냐?'였어. 모든 사상과 모든 사람들을 아우르며 천천히 건국할 것이냐? 아니면 우익의 사람들을 중심으로 빨리 건국할 것이냐하는 것이 문제였지."

"거봐. 우리 할아버지가 왜 대한민국을 반대해. 애국자이신데……."

규선이는 할아버지의 절대적인 옹호자이며 추종자를 자처하고 나섰습니다.

"네 아버지가 오랫동안 여러 차례에 걸쳐 보훈처에 할아버지를 독립유공자로 인정해 달라고 신청했지."

"그래서요?"

"아니 '그래서요'라니?"

성우는 규선이에게 화를 내면서 할머니의 손에 들려 있던 여러 장의 '독립유공자 서훈 심사 탈락 통지문'을 와서 보라고 손짓했습니다.

"여러 번 신청했는데 우리나라 정부가 독립유공자로 인정 못하겠다고 했다는 거 아냐!"

"왜요?"

다시 묻는 규선이의 얼굴을 바로 보며 할머니는 눈을 똑바로 뜨시며 말씀하셨습니다.

"할아버지가 항일투쟁을 했지만 사회주의 사상을 가지고 있었고, 또 대한민국 건국에 대해 남들과 다른 생각을 가지고 계셨기 때문이지."

"네……."

규선이는 다 기어들어가는 목소리로 대답했습니다.

"하지만, 규선아. 할아버지는 재작년에 독립유공자로 인정받으셨단다."

"진짜요? 히히. 그럼 그렇지!"

규선이는 신이 나서 손뼉을 쳤습니다. 그러다가 갑자기 할머니를 바라보며 이해가 안 된다는 듯이 물었습니다.

"어떻게요? 심사에 탈락했다면서요."

"아마 3년 전인 2005년일 게다. 2005년부터 사회주의 사상을 가지고 있었더라도 항일투쟁을 했다면 독립유공자로 인정해 주기로 했지. 사회주의 국가 건설을 목적으로 한 활동에 주력하지 않았거나 적극적으로 동조하지 않았다면 말이야."

할머니는 국가에서 준 건국훈장 애족장을 규선이에게 보여 주셨습니다. 할머니는 애족장은 건국훈장 중 한 종류라고 말씀해 주셨습니다.

규선이는 애족장의 상장을 바라보며 큰 목소리로 '훈장증, 위는 우리나라 자주독립과 국가 발전에 이바지한 바 있으므로 대한민국 헌법의 규정에 의하여 다음 훈장을 추서함. 건국훈장 애족장. 대통령 노무현'을 읽어 내려갔다. 그동안 할머니는 할아버지 기억에 젖은 듯 눈을 지그시 감고 계셨습니다.

"몇 해 전 독립유공자로 인정받았지만 지금껏 독립유공자가 아니었지. 한때 규선이가 말한대로 역적처럼 대우받기도 했지. 하지만 규선아, 중요한 것은 할아버지가 불법과 만행을 일삼는 일본 제국주의에 강력하게 반대하셨고 독립을 위해 싸우셨다는 사실이야. 누가 뭐라고 해도 그 사실은 잊지말고 네 마음속에 꼭 간직하고 살아가야 해."

할머니의 애정 어린 부탁 말씀에 성우가 거들었습니다.

"전에는 국가가 독립유공자가 아니라고 했다가, 지금은 독립유공자라고 인정하고 있어. 하지만 항일투쟁을 했다 하더라도 대한민국 건국에 대해선 다른 마음을 가지고 있었으니까 독립유공자라고 할 수 없다고 주장하는 사람들도 있어."

"그러면 그 사람들은 할아버지를 독립유공자라고 안 그래?"

"응. 그 사람들은 할아버지를 항일투쟁운동가일 뿐이라고 해."

"어떻게 그럴 수 있어?"

머리를 긁적이며 생각하던 성우는 갑자기 뭔가 떠오른 듯 말했습니다.

"내가 아까 너한테 '물이 반쯤 들어있는 컵' 이야기를 해 줬지? 똑같은 거야. 할아버지가 독립을 위해서 항일투쟁을 하신 일은 있는데, 그걸 바라보는 관점에 따라 다르게 해석하는 거지."

"아하, 알겠어! 오빠가 그랬잖아. 보름달을 가리키는 손을 보지 말고 손이 가리키는 보름달을 봐야 한다고."

"그래, 맞았어. 손을 보지 말고 보름달을 봐야 하는 거야."

"하지만 한 건 한 거잖아. 할아버지가 독립을 위해서 항일투쟁하셨지, 언제 할아버지가 혼자 잘 살려고 항일투쟁하셨나? 그러 니까 독립유공자로 인정받으셔야 하는 것은 당연하잖아?"

"그래. 그건 네 입장인 거지."

"내 입장이라니? 하신 건 하신 거잖아!"

규선이는 따지듯이 오빠에게 달려들었습니다.

"딴 사람들은 건국훈장이니까 할아버지가 건국하는데 직접적인 도움이 되었어야 한다고 생각하지. 건국에 대한 할아버지의 생각 은 좀 달랐잖아. 천천히 건국하고 또 여러 사람들이 참여해야 한 다고. 그래서 딴 사람들한테는 '천천히 건국하자'라는 할아버지 의 주장이 결국 건국을 방해하거나 '건국하지 말자'라는 주장처 럼 생각됐지."

"그래요, 할머니?"

규선이는 할머니에게 지원 요청을 했습니다. 할머니는 웃으시 면서 대답하셨습니다.

"인정 받는 것 자체가 중요한 것은 아니야. 하지만 그게 사실이 고 진실이니까 인정 받아야지. 하지만 대한민국이 건국될 때 건국 에 대해 다양한 생각이 있었던 것은 사실이야. 어떤 사람들은 할 아버지가 대한민국 건국에 직접적인 도움이 되지 않았다고 지금도 주장하지만, 이 할미는 오히려 반대로 생각한단다. 다양한 생각이 있음으로 해서 대한민국이 더 역동적인 나라가 될 수 있고 더 창조적인 사회가 되는 것이 아닐까?"

"맞아요, 할머니. 다이내믹 코리아!"

성우는 할머니를 열심히 응원했습니다.

"건국은 한 사람이나 몇몇 사람들의 노력으로 된 게 아니야. 다양한 생각, 다양한 계층, 다양한 직업의 사람들이 모여서 이뤄낸 것이지. 반대가 있기 마련이야. 다른 방법으로 반대하기도 하고, 또 주저하기도 하지. 하지만 그런 사람들이 모두 모여 건국한 것이야. 문제는 그런 다양한 사람들의 열정과 창조성을 바탕으로 이끌어 나가는 지도자들이 과연 이 나라에 있느냐 하는 것이야."

성우는 고개를 계속 끄덕였습니다.

"할미는 갈매기 섬에서 죽다 살아났지만 그래도 난 대한민국 사람이야. 할아버지도 마찬가지고. 이 나라와 이 민족을 사랑하니까."

"점심 드세요."

방문 밖에서 엄마의 목소리가 들렸습니다.

"어머님, 시원한 냉면 드세요."

엄마가 할머니 방 문을 열며 말했습니다. 규선이와 성우는 쏜살같이 할머니 방을 빠져 나갔습니다. 무척 배가 고팠던 모양이었습니다.

역사는 항상 현재의 역사인가?

과거사실은 과거에 발생한 사건이고 사료는 그 사건을 기록한 것입니다. 역사가를 포함한 모든 사람들은 과거사실 그 자체를 읽을 수 없습니다. 그것은 과거라는 지나간 시간 속에서 발생한 것으로 지나가 버린 것이니까요. 역사가를 포함해서 모든 사람들이 과거를 이해하는 방식은 사료에 기록된 과거사실에 대한 설명을 읽음으로써 그 과거사실을 이해하는 것입니다.

그런데 이러한 과정에는 문제가 발생합니다. 첫째, 과거사실에 대한 설명을 읽는 사람의 이해 능력 때문에 문제가 발생합니다. 예를 들어 설명해 보겠습니다. '됴다'는 '좋아하다'라는 의미를 가진 옛날 말(고어)입니다. 만일 '됴다'의 뜻을 모르는 사람은 사료에 '됴다'가 나오면 무슨 말인지 전혀 이해하지 못하고 다르게 해석할 것입니다. 옛날에는 주로

한문을 사용했습니다. 한문을 모르면 거의 사료를 이해할 수 없습니다. 또 한국사가 아니라 미국사나 영국사, 프랑스사, 독일사, 인도사 등을 공부하는 경우에는 그 나라의 언어를 잘 알아야 합니다. 언어를 모르면 당연히 사료를 읽을 수도 없고 이해할 수도 없습니다. 또한 사료에 있는 모든 글이 쉽고 명백해서 누가 읽어도 동일하게 해석되는 것은 아닙니다. 그래서 사료를 읽는 사람의 언어 수준과 이해능력의 수준에 따라 사료의 기록 내용이 다르게 해석되기도 합니다.

둘째, 과거사실에 대한 설명을 읽는 사람의 이해관계 혹은 관점 때문에 문제가 발생합니다. 나폴레옹은 유럽을 정복했던 18세기의 프랑스 영웅입니다. 그러나 나폴레옹의 군화에 짓밟힌 독일 사람들의 입장에서 볼 때에도 나폴레옹이 과연 위대한 영웅일까요? 위대한 영웅이 아니라 정복자에 불과할 것입니다. 그런데 만약 독일 사람이지만 프랑스를 너무나도 좋아하는 사람이 있다고 합시다. 그 독일 사람에게 나폴레옹은 위대한 영웅일 수 있습니다.

오랜 세월동안 프랑스와 독일이 서로 번갈아 지배했던 알자스로렌 지역이 있습니다. 그 지역에 살았던 사람들은 시대에 따라 프랑스에게 충성을 바치기도 혹은 독일에게 충성을 바치기도 했습니다. 또 독일 사람이라 하더라도 전쟁의 역사를 너무나 좋아한다거나 전쟁술을 연구하는 사람에게 나폴레옹은 영웅일 수 있습니다.

과거사실에 대한 설명을 읽는 사람의 관점이나 이해관계 때문에 과거사실이 진실과 달리 멋있게 꾸며지거나 지나치게 비판되기도 하고 혹은 무시되기도 합니다. 또한 주어진 사료들의 진위성이나 신뢰도가 평가되고 그에 따라 읽는 사람이 진실이라고 생각하는 바대로 과거사실이 재구성되는 것입니다.

셋째, 과거사실에 대한 설명을 읽는 사람의 시대적 한계 때문에 문제가 발생하기도 합니다. 예를 들어 한반도에서 청동기 시대의 시작은 기원전 10세기라고 알려져 있다고 합시다. 그런데 어떤 고고학자가 새롭게 유물을 발굴해서 청동기 시대의 시작이 기원전 15세기경이었음을 밝혀냈다고 가정합시다. 청동기를 사용했던 시대는 과거 속에 그대로 있는데, 청동기 유물이 발굴되었나 안 되었나에 따라, 그리고 그 유물이 어느

시대의 것인가를 알아보는 측정기술에 따라 청동기 시대가 변화하는 것입니다. 정확히 말해서, 청동기 시대에 대한 이해가 변화하는 것입니다. 이와 마찬가지로 새로운 사실이 알려지는 경우에도 그렇습니다. 새로운 사료가 문서고에서 발견되어 주목받게 되면 과거사실에 대한 이해가 변합니다.

이처럼 과거사실은 과거에 발생해서 그대로 있지만 그 과거사실의 설명을 이해하는 사람의 여러 한계와 관점에 따라 과거사실의 모습이 달리 보이는 것입니다. 그래서 과거사실 그 자체는 변하지 않지만 시대의 흐름에 따라 사실에 대한 평가가 달라지곤 하는 것입니다.

그런데 과거사실을 직접 경험한 사람조차 과거사실을 그대로 오늘날로 옮겨올 수 없습니다. 누구도 경험을 경험 그대로 글로 옮겨 놓을 수 없습니다. 어떤 사람들은 이제 과학기술이 많이 발전해서 인간의 경험을 그대로 저장할 수 있다고 주장합니다. 비디오카메라로 촬영하면 움직이는 그대로 행동을 재생시킬 수 있으니까요. 그러나 사진기 혹은 비디오카메라를 사용한다 하더라도 그 사진기나 비디오카메라를 사용하는 사람의 능력과 관점, 과학기술의 한계 등에 따라 역시 경험을 기록하는 내용이 달라집니다. 예를 들면 인물을 더 크게 잡고 촬영하느냐 위에서 내려 촬영하느냐 아래에서 위로 올려 촬영하느냐 등에 따라 영상을 보는 느낌이 전혀 달라집니다. 말하자면 촬영의 방식과 관점에 따라 기록 내용이 달라지는 것입니다. 그래서 인간은 글을 포함한 어떠한 기록 도구를 사용한다 할지라도 경험 그대로를 기록할 수 없습니다.

따라서 사료에는 그 사료를 기록하는 사람의 관점과 이해관계가 함께 기록됩니다. 달리 말하면 기록자의 관점과 이해관계에 따라 과거사실에 대한 설명이 제한되고 왜곡됩니다. 예를 들면 나폴레옹을 너무나도 좋아하는 사람이 있다면 그 사람은 나폴레옹의 행적을 미화해서 기록하겠죠. 나폴레옹을 너무나 싫어하는 사람이 있다면 그 사람은 나쁘게 기록할 것입니다.

오늘의 우리는 기록자의 관점과 이해관계에 의해서 제한되고 왜곡된 설명을 사료로서 읽고 해독합니다. 그렇게 되면 제한되고 왜곡된 설명은 또다시 제한되고 왜곡되는 셈입니다. 그래서 역사가들은 제한되고 왜곡

되는 과정과 현상을 최대한 줄이려고 노력합니다. 그럼에도 불구하고, 아무리 훌륭한 역사가이더라도 자신이 가지고 있는 가치관, 인생관, 세계관 등을 모두 완전하게 버릴 수는 없겠죠. 또한 아무리 훌륭하더라도 타임머신을 타고 과거 속으로 정말 들어갈 수도 없습니다. 그는 과거가 아니라 오늘에 존재할 수밖에 없습니다. 역사가는 절대로 '현재'에서 벗어날 수 없습니다. 그래서 어떤 역사 이론가들은 '역사는 항상 현재의 역사'라고 말하곤 합니다.

역사는 현재와 과거의
끊임없는 대화

 역사란 역사가와 사실의 지속적인 상호 작용 과정이며, 현재와 과
거의 끊임없는 대화이다.

— E. H. 카

1 끝없는 대화로서의 역사

"아빠 오셨다."

규선이는 엄마 말에 재빨리 현관문으로 내달렸습니다. 아빠는 하루 늦게, 그것도 저녁 무렵이 다 되어서야 겨우 경주 할머니 댁으로 오셨습니다. 아빠는 현관을 들어서자마자 규선이를 번쩍 들어 꼭 안아 주시고 나서 성우의 머리를 쓰다듬어 주셨습니다. 아빠를 맞이한 엄마는 '피곤하지 않냐', '저녁 식사는 곧 되는데 시장하지는 않느냐'고 계속 물었습니다. 그리곤 아빠는 할머니 방에 들어가서 인사를 하였습니다. 아빠는 한참 동안 할머니와 이야기를 나누더니 방을 나왔습니다.

"잘 있었니?"

아빠의 질문에 규선이는 귓속말을 하려는 듯 손짓했습니다.

"아빠, 아침에 고모와 고모부가 싸웠다!"

"그래? 뭣 때문에?"

"고모부가 고모를 사랑하지 않는다고 해서."

"그랬어? 하하하. 사랑하는 사람은 가끔 그렇게 싸울 수도 있는 거란다. 사랑싸움이라 괜찮아."

"또 할머니가 할아버지 이야기를 해 주셨어."

"재미있었니?"

아빠는 정겹게 웃으시면서 물었습니다.

"할아버지가 왜 독립유공자가 안 되었는지, 그리고 지금은 왜 독립유공자가 되었는지 말씀해 주셨어."

"그래, 규선이는 할아버지가 자랑스럽지?"

"응. 이 세상 누구보다도."

아빠는 규선이를 번쩍 들어 꼭 안아주셨습니다. 할아버지가 안아 주셨던 힘까지 모아서 더 세게 꼭 안아 주셨습니다.

고모와 고모부의 전쟁이 끝난 시간은 저녁 식사 때였습니다. 저녁 식사 전에는 서로 아무 말도 하지 않던 고모와 고모부가 저녁을 먹으며 서로 반찬을 챙겨 주기 시작했습니다.

"반찬 가려 먹지 마."

"괜찮아."

이것저것 반찬을 골고루 집어 주는 고모의 배려에, 고모부도 좋아하는 눈치였습니다. 불꽃 튀던 눈빛도 봄눈 녹듯이 다 사라져 버렸습니다. 이제는 서로 눈빛이 마주칠 때마다 웃음이 번졌고 무언의 대화가 오갔습니다.

"자기도 이거 먹어 봐!"

고모부가 발라 주는 생선 살을 받아먹으며 고모는 한없이 즐거워했습니다.

저녁 식사를 거의 끝마칠 무렵, 성우는 할머니께 물었습니다.

"할머니, 할머니는 왜 한국전쟁을 '동란, 동란'이라고 부르세요?"

"글쎄다. 너는 왜 동란을 '한국전쟁'이라고 하니?"

"네? 요즈음은 모두들 한국전쟁이라고 불러요. 책 제목에도 그렇게 표기되고, 신문 기사에도 그래요. 요즈음은 '동란'이라고 하지 않거든요."

"호호호. 그래? 할미가 젊었을 때에는 모두들 동란이라고 부르던가 아니면 사변이라고 했지. 6·25동란, 6·25사변이라고 불렀단 말이야."

"왜 그렇게 불렀을까요?"

옆에 있던 아빠가 할머니께 물었습니다. 그러자 할머니는 고모부를 빤히 쳐다보시면서 말씀하셨습니다.

"우리 사위가 역사가는 아니지만 법을 아니까 사위가 한번 대답해 보지."

"네?"

고모가 가져다준 사과 한 조각을 집어 들던 고모부가 놀라며 외마디 소리를 질렀습니다. 그러나 고모부는 금세 대답하였습니다.

"다른 나라에 전쟁 시작을 공식적으로 알리는 선전포고 없이 다른 나라에 침입했을 때를 사변이라고 하죠. 일본이 만주에 대한 경제적 권리를 얻으려고 류타오거우 사건을 조작해서 일으킨 만주침략전쟁이 사변입니다. 흔히 만주사변이라고들 하죠. 국가 간의 전쟁은 아니지만 경찰력으로 진압할 수 없어 군부대의 무력을 동원한 반란 등도 사변이라고 합니다."

"우아! 고모부 엄청 똑똑하시네."

규선이의 놀라는 모습을 본 고모부는 규선이에게 가볍게 윙크를 보냈습니다.

"동란은 반란이나 전쟁으로 사회질서가 붕괴되고 혼란하게 되는 것을 말하는 것이고요."

"그럼 전쟁은 어떻게 정의하나?"

아빠가 고모부에게 질문을 했습니다.

"엄격하게 말하면 전쟁은 국가 간의 조직적인 무력 충돌을 말하는 것입니다. 하지만 국가 간이 아니더라도 극심한 무력 충돌을 전쟁이라고 부릅니다."

"역시 고모부는 달라."

고모부의 열렬한 팬인 규선이의 눈에 존경의 눈빛이 흘러넘쳤습니다.

"1948년 대한민국이 헌법을 만들고 정부를 세울 때, 한반도의 유일한 합법정부로 유엔으로부터 인정받았고 우리나라도 유일한 정부라고 생각했었네. 때문에 동란이나 사변이라고 부르게 된 것은 1950년 6월에 북한이 남침했을 때 반란이나 내란을 강조하기 위해서라고 생각하네. 전쟁이라는 말을 사용하면 북한을 국가로

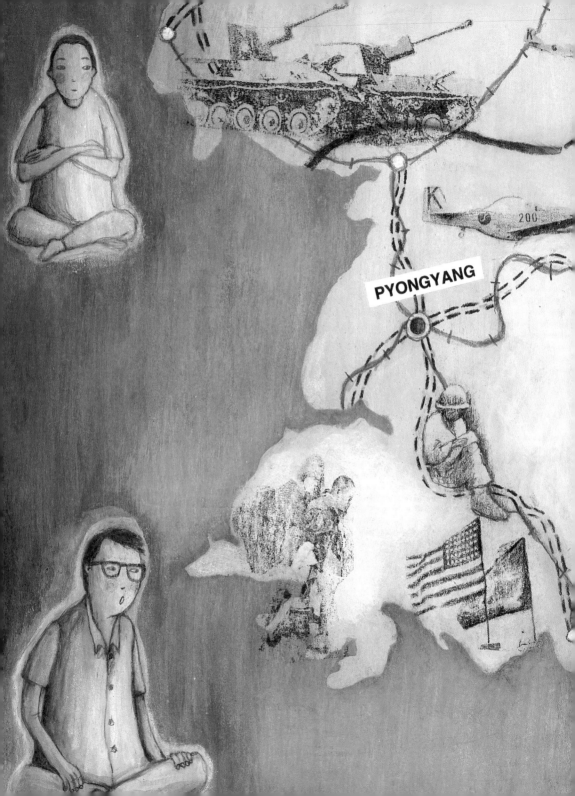

PYONGYANG

SEOUL

인정하는 것이니까 그럴 수는 없었지."

"네, 하지만 엄연히 북한도 하나의 국가인데 선전포고 없이 전쟁을 일으켰다는 이유 만으로 사변이라는 말을 사용했다고 생각하지는 않습니다."

"그러면 할머니는 북한을 국가로 인정하지 않기 때문에, 사변이라는 표현을 쓰시는 거예요?"

성우가 물었습니다.

"그렇지. 우리나라 헌법을 봐라. 한반도에는 우리나라만이 유일한 합법적인 국가잖니?"

"하지만 지금은 북한도 유엔으로부터 국가로 인정받잖아요. 또 동란이라고 하면 요즘에는 냉전시대적 사고방식이라고 하거든요……."

성우는 말을 꺼낼까 말까 망설이다가 슬그머니 말끝을 흐렸습니다.

"이 할미도 다 안다. 그러면 우리나라 헌법도 냉전시대의 유물이겠구나. 성우야, 우리 헌법을 내다 버릴까? 헌법을 지키지 말까?"

할머니의 목소리가 격앙되기 시작했습니다.

"아니, 헌법을 지키겠다고 하는 정부가 헌법을 모조리 무시하면서 반란을 전쟁이라고 말하고 있다니! 국방부조차 한국전쟁 운운하고 있으니 말이다. 당치도 않아."

"대규모로 벌어진 극심한 무력 충돌이라는 의미에서 전쟁이라는 말을 사용할 수도……."

고모부는 할머니의 화난 얼굴을 보고는 얼어붙은 듯 말을 멈췄습니다.

"하지만 어머니, 미국도 참전하고 유엔군, 중국군, 소련군도 싸우지 않았습니까? 여러 국가들이 싸웠으니, 반란이 아니라 전쟁이라고 해야 하지 않을까요?"

아빠가 고모부를 두둔하며 말씀하셨습니다.

"그래, 맞다. 동란의 양상에는 국제 전쟁의 모습이 분명히 있지. 하지만 문제는 6·25의 본질이 무엇이냐는 것이야. 현상이 아니라 본질이 중요하지. 6·25의 본질은 전쟁이 아니라 반란이야. 우리 헌법에서 명백하게 국가로 인정하고 있지 않은 북한이 일으킨 반란이라는 거야."

"하지만 어머니, 휴전협정까지 맺지 않았습니까?"

"그래 맞다. 미국과 북한이 전쟁을 잠시 중단하기로 하고 휴전을 맺었으니, 전쟁이라는 거지? 바로 그 휴전협정을 맺은 미국의 눈으로 보면 전쟁이지. 당연히 전쟁! 하지만 우리의 눈으로 보면 그게 아니다. 미국 사람들은 북한 뒤에 소련과 스탈린이 있다고 생각했기 때문에 처음부터 전쟁이라고 했지. 미국 사람들이 한국 전쟁이라고 부른다고 해서 그대로 따르하면 못 쓴다. 우리 역사는 우리의 눈으로 봐야 하는 거야.”

할머니가 아빠에게 역정을 내시는 일은 흔치 않았습니다. 규선이는 숨을 죽인 채 말도 못하고 눈만 끔벅거리며 가만히 듣고 있었습니다.

“우리나라도 그랬지만 북한도 처음에 6·25가 ‘내란’으로 발발했다고 주장했는데, 규선이 아범은 그걸 알고 있니?”

“네? 그래요?”

“북한은 6·25가 원래 내란인데, 미국이 참전하게 되어서 전쟁으로 비화하였고 그래서 조국해방전쟁이 되었다고 주장했지. 북한에게 6·25의 본질은 전쟁이야. 하지만 우리에게는 아니지.”

“우리가 6·25를 전쟁이라고 부른다고 반드시 북한 입장을 두둔하는 것은 아니잖아요.”

“물론 그렇지. 하지만 우리의 입장이 아닌 것은 확실해.”

할머니의 입장은 너무나도 확고했습니다.

"하지만, 어머니. 전 세계가 이제 북한을 하나의 국가로 인정하고 있다는 현실에 비추어 본다면 6·25를 전쟁으로 부르는 것이 보다 낫지 않을까요?"

"그래. '우리가 처한 현실이 더 중요하냐' 아니면 '우리의 본질과 정체성이 더 중요하냐' 라는 문제 같구나. 규선이 아범은 현실을 더 중요하게 여길 수도 있겠지만, 나는 사건의 본질, 우리의 정체성이 더 중요하다고 생각해."

"그럼, 할머니 말씀도 옳고 아빠 말씀도 옳은 거예요?"

규선이가 어리둥절해서 물었습니다.

"꼭 오늘의 현실이 아니라고 해도 당시 미국과 소련에 의해서, 더 크게 보면 냉전체제에 의해서 한국이 남북으로 나뉘게 된 것이 6·25의 진정한 원인이고, 따라서 내전처럼 보이지만 국제전이 근본적인 특징이 아닐까요?"

"아니야. 남들이 뭐라 해도 분명히 이건 내란이지. 6·25가 일어난 며칠 후에, 북한의 노동신문에는 남한이 북침했다며 남한 군인들의 인터뷰를 신문에 대서특필했지."

할머니는 '잠깐' 이라고 손짓하며 방에 들어갔다가 좀 오래된 신문을 들고 나오셨습니다.

"봐라. 이게 북한이 선전한 신문이야."

할머니의 손에는 1950년 6월 26일에 발행된 '노동신문'이 들려 있었습니다.

"그래서요? 할머니."

"북한은 남침 사실을 숨기고 마구 선전을 해댔지. 그리고 북한에 동조하는 미국의 좌파 역사가들이 북침설을 주장하기도 했어. 그리고 전쟁이라고 불렀지. 이런 거짓말을 근거로 북침설을 주장한 역사가도 있단 말이야. 사료라고 다 믿는 건 바보들이나 하는 짓이야."

할머니는 손을 불끈 쥐시며 계속 말씀하셨습니다.

"하지만 사실은 사실이야. 소련이 붕괴된 후에 소련 문서고에서 사료들이 쏟아져 나오고 또 동란 때 미군이 몰수한 서류 중에서 북한군 작전 서류가 발견되어서 연구를 하게 되었지. 북한의 북침설은 이제 설 자리가 없어. 너무나 명백한 거짓말이었던 거지."

"하지만 내란과 전쟁은 좀 다르지 않아요?"

듣고 있던 성우가 갸우뚱하며 물었습니다.

"본질은 변함이 없는 거야. 6월 25일 새벽에 동란이 터졌을 때 그 본질은 반란이었던 거지. 이제나저제나 우리 헌법, 우리 정체성이 올바르게 확립될까 기다리게 되었지."

"그러면 어머니는 우리 헌법이 개헌되어 북한을 국가로서 인정하게 되면 전쟁이라고 부르실 거예요?"

"그럴 수도 있겠지. 하지만 역사를 어디 현재의 관점에서 본다냐? 당시 과거에 살았던 사람의 언어와 관점으로 봐야지!"

"그렇지만 어머니. 과거의 눈으로만 볼 수는 없지 않을까요? 동시에 현재의 눈으로도 봐야 하지 않을까요?"

"끝이 안 날 것 같네요. 당신, 이제 그만해요."

할머니와 아빠의 대화를 묵묵히 듣고만 있던 엄마가 대화를 끝내게 했습니다.

"어디 이게 한두 시간이나, 하루 이틀 사이에 끝날 쉬운 문제냐? 벌써 50년 넘게 해 온 이야기인데…… 끝이 안 나더라도 계속해서 생각해야 하지 않겠니?"

할머니는 허리가 아프신지 식탁에서 일어나시며 허리를 서너 번 툭툭 두들기셨습니다.

"너희들은 더 이야기해라. 난 연속극이나 봐야겠다."

할머니는 방으로 들어가셨습니다.

"좀 편하게 해드리지……."

엄마는 아빠를 향해 슬그머니 눈총을 주었습니다. 하지만 아빠는 할머니와 대화를 나누고 할머니의 생각을 알게 되어서 행복했습니다.

2 과거의 진실을 풀자

"성우 오빠, 뭐해?"

"나 바뻐!"

규선이는 성우가 컴퓨터게임을 하느라 정신이 없는 줄 뻔히 알면서도 오빠의 관심을 끌어 보려고 말을 건넸습니다. 하지만 규선이에게 되돌아온 건 냉랭한 반응뿐이었습니다. 할머니는 방에 들어가시고 고모와 고모부는 서로 사랑스러운 감정으로 쳐다보느라 어쩔 줄 몰라하였으며, 아빠와 엄마는 이야기를 나누고 있었습니다. 규선이의 유일한 놀이 친구는 오빠였습니다. 규선이는 성우의 오른쪽 귀에 대고 속삭였습니다.

"오빠, 근데 난 고모랑 고모부가 전혀 이해가 안 돼. 아침에는 그렇게 싸우더니, 저녁에는 저렇게 좋아하고. 어떻게 그럴 수가 있어?"

"원래, 좋아하다 싸우다 그러는 게 사랑이야."

성우는 컴퓨터에서 눈을 떼지 않고 계속 자판을 두드리며 말했습니다.

"대체 고모랑 고모부 중에 누가 정말 먼저 프러포즈한 걸까?"

규선이의 진지하고 끈질긴 애원 끝에 성우는 뒤에 앉아 있는 규선이를 쳐다보았습니다.

"고모부가 말씀하신 것처럼 고모가 정말 깁스에 핸드폰 번호를 적어 줬다면 고모가 먼저 프러포즈한 것이 사실이겠지?"

"하지만 핸드폰 번호를 적어 줬다고 먼저 프러포즈한 거라고 말할 수 있을까?"

"오빠, 그게 무슨 뜻이야?"

규선이가 정색을 하며 물었습니다.

"핸드폰 번호를 적어준 것은 행동일 뿐이야. 결과일 뿐이지."

"그게 무슨 말이야?"

"고모가 가만히 있는 사람한테 가서 그냥 핸드폰 번호를 적어 줬겠어? 고모가 핸드폰을 적어 주었을 때는 그만한 이유가 있었던 거야. 문제는 그 이유가 일방적이었느냐 혹은 쌍방이 통해서였느냐는 것이지."

"그럼 오빠는 어떻게 생각해?"

성우는 자기가 마치 탐정이라도 된 듯이 턱 끝을 매만지면서 말을 계속했습니다.

"고모와 고모부 이야기는 앞뒤가 안 맞는 게 많아. 퍼즐처럼 일단 그림이 맞춰져야 하는데 잘 안 맞춰진단 말이야. 고모부가 병원에 그 다음날 찾아간 게 사실인 것 같은데, 고모부는 일부러 그 말을 안 한 것 같고……."

"또?"

"그리고 고모가 고모부의 상처를 검사하고 치료해 주었을 때 고모와 고모부 사이에 서로 오갔던 이야기들을 전혀 말씀하지 않으셨잖아. 의식적이든 무의식적이든 빼먹고 있는 이야기가 있다는 것이지."

"그러면 오빠는 누가 먼저 했다고 생각하는 건데?"

"물론 고모일 수도 있어. 하지만 규선아, 너도 알지만 고모가 적극적인 성격은 아니잖아. 그리고 일반적으로는 우리나라 젊은 여자들이 그렇게 먼저 적극적으로 나서지 않지. 그리고 남자들이 일반적으로 그러는 여자를 좋아하는 것도 아니고. 또 고모부가 그런 여자를 좋아하는 것도 아니고."

"하긴 그래. 고모나 고모부는 보수적이야."

"하하하, 보수적? 내가 보기에는 진보적인 것 같은데. 핸드폰 번호를 적어 주는 것을 보면 말이야."

"그런가?"

규선이는 겸연쩍은지 머리를 긁적였습니다.

"누가 먼저 프러포즈했는지 알려면, 먼저 고모와 고모부 이야기를 더 자세하게 들어야 해. 그리고 누구의 말이 사실인지도 결론을 내려야 하고."

"그러면 되는 거야?"

"아니. 당시 상황에 대해서도 더 들어야 하고. 또, 고모나 고모부 또래의 어른들이 프러포즈할 때 어떤 식으로 말을 하는지도 알아봐야 해."

"왜 그런 걸 조사해야 해?"

"고모가 핸드폰 번호를 적어 주기 직전에 고모부가 고모한테 무슨 특별한 말을 했다면 고모가 핸드폰 번호를 적어 준 건 프러포즈의 시작이 아니라 결과 혹은 그 과정의 일부라고 할 수 있지."

"아하! 예를 들면……."

규선이는 앙증맞은 눈웃음을 치며 두 손을 꼭 모은 채 몸을 배배 꼬면서 말을 이었습니다.

"고모부가 먼저 '핸드폰 번호를 가르쳐 주시면 죽을 때까지 마음속에 꼭 담아 둘게요!' 하고 말했다는 거지."

"됐다. 그만 해라!"

성우는 터져 나오는 웃음을 겨우 참으며 말을 했습니다. 규선이도 한바탕 크게 웃었습니다.

"고모와 고모부 이야기를 듣고 일단 누가 먼저 프러포즈했는지 생각해 볼 수는 있지만, 그건 잠정적인 판단이야. 더 들어 보면 그 판단이 바뀔 수도 있고, 옳았다고 생각할 수도 있지. 그러니까 한 번 듣고 판단하는 것은 금물이야. 끝없이 그리고 끊임없이 듣고 또 듣고 해서 판단해야 하는 거야."

"그럼, 언제 판단해? 끝없이 들어 봐야 한다면 말이야?"

"하하하. 어느 정도 충분하다고 느낄 때까지. 네 자신이 설득되고, 네 말을 듣는 사람이 충분히 설득될 수 있을 때까지. 적어도 그 정도는 들어 봐야 한다는 말이야.”

“알았어. 그럼 내일 또 물어봐야지!”

“과거사실은 이미 일어났지만, 그것의 진실을 찾는 작업은 계속되어야 하는 거야.”

“응! 과거의 진실을 찾는 작업은 계속된다!”

방 밖에서 큰 웃음소리가 들려왔습니다. 오랜만에 아빠와 고모부가 만나서 이야기를 나누는 것 같았습니다. 간간이 들려오는 엄마 목소리도 듣기 좋았습니다. 규선이는 성우 오빠를 컴퓨터게임의 세계 속에 두고 거실로 달려 나갔습니다.

“엄마, 나 배고파!”

규선이는 과거의 진실에 대한 열망으로 한껏 마음이 부풀어 있었습니다.

현재와 과거의 끊임없는 대화

역사란 무엇일까요? 역사(history)라는 용어는 어원적으로 히스토리아(historia)라는 그리스 말에서 연원했습니다. '히스토리아' 라는 말은 '탐구' 혹은 '추구' 라는 뜻입니다. 어떤 사람들은 히스토리아가 그 남자의(히스, his) 이야기(스토리아, storia), 즉 예수의 이야기 혹은 남자의 이야기라고 말하기도 합니다. 또 어떤 사람들은 역사가 남자의 이야기이므로 여자의(허, her) 이야기(스토리아, storia)를 만들자고 말하기도 합니다. 그러나 이런 주장은 어원적으로 맞지 않습니다.

그렇다면 탐구 혹은 추구라는 뜻의 히스토리아는 무엇에 대한 탐구 혹은 추구일까요? 그것은 과거사실에 대한 탐구 혹은 추구입니다. 과거에 어떤 사실들이 일어났으며 그 사실들은 어떠하였던가를 살피는 것입니다. 그렇기 때문에 히스토리아라는 말에는 '탐구를 통해서 얻어진 지식'이라는 뜻도 있습니다. 과거사실에 대해서 열심히 조사하고 연구하다보면 그 결과로 얻어지는 지식, 즉 과거사실에 대한 지식이 있게 됩니다. 그리고 사람들은 그 지식을 어떻게 하죠? 글로 작성하게 됩니다. 그러면 그 글은 과거에 어떤 일들이 있었는지 그리고 어떻게 일어났으며 왜 일어났는지를 알려 주게 됩니다.

그래서 역사에는 크게 세 가지의 뜻이 있습니다. 역사란 과거사실에 대한 탐구 혹은 추구, 탐구를 통해 얻어진 지식, 탐구한 결과를 글로 설명해 놓은 것을 말합니다. 흔히 과거사실에 대한 진지한 탐구를 통해서 얻어진 결과는 과거사실과 일치한다고 생각하기 때문에 일반적으로 역사와 과거(사실)를 동일한 의미로 사용합니다. 예를 들어, '역사를 살펴보자'라고 말한다면 그것은 '과거(사실)를 살펴보자'라는 뜻과 동일한 의미를 갖습니다. 이와 동시에, 그것은 '과거(사실)에 대한 탐구 결과를 살펴보자'라는 뜻도 되는 것입니다.

에드워드 카는 역사를 "현재와 과거의 끊임없는 대화"라고 말했습니다. 카는 역사를 세 가지로 구분했습니다. 첫째, 역사는 과거사실에 대한 설명(사실)입니다. 과거의 어떤 사실을 경험한 사람이 기록을 남기게 되면 그 기록(사료)에 남아 있는 것은 과거사실이 아니라 과거사실에 대

한 설명입니다. 그런데 우리는 그 설명을 읽으면서 그 설명과 과거사실을 동일시하기 때문에 사료에 있는 기록을 과거의 사실로 간주합니다. 당연히 과거사실과 그에 대한 설명을 동일시할 수는 없습니다. 일반적으로 사람들이 그렇게 인식한다는 것입니다.

둘째, 역사는 역사상의 사실입니다. 역사가들은 기록에 남아 있는 수많은 과거사실에 대한 설명(사실)에서 자신들이 역사적으로 중요하다고 생각하는 사실들을 선택합니다. 그리고 이런 중요성 때문에 선택된 사실들을 역사상의 사실이라고 합니다. 그런데 개인의 역사에서 중요한 사실이라 하더라도 국가의 역사에서는 중요한 사실이 아닐 수도 있습니다. 물론 국가사에서 아무리 중요한 사실이라고 하더라도 한 개인의 역사에서는 중요하지 않을 수도 있습니다.

셋째, 역사는 역사적 사실입니다. 역사상의 사실이 역사가들이 중요성에 대해 논쟁을 벌이고 있는 사실이라면, 역사적 사실은 역사가들이 논쟁을 끝마치고 그 중요성을 인정하는 사실이라고 할 수 있습니다.

역사가는 과거사실을 탐구할 때 위에서 말한 세 가지 종류의 사실을 통해서 연구합니다. 역사가는 사료를 열심히 읽어서 과거사실에 대한 설명을 이해하려고 노력하고, 수많은 설명 중에서 사실이라고 검증된 것을 중심으로 그 역사적 중요성에 대해 논의하며, 우리 사회와 국가의 역사에서 확정된 중요성을 가진 사실이 무엇인지를 보여 주려고 노력하는 사람입니다. 물론 이 세 가지의 역사 사이에 명백한 경계가 있는 것은 아닙니다. 경우나 주제마다 역사적 중요성이 달라지기 때문입니다.

에드워드 카는 이 세 가지 종류의 역사를 끝없이 오가며 과거를 탐구하는 작업을 역사라고 했습니다. 물론 근본적으로 역사가 과거사실이 무엇인지 알고자 탐구하는 사람입니다. 그러나 과거에 있는 과거사실은 누구에게도 발생한 경험 그대로 다가오지 않습니다. 그렇기 때문에 카는 과거사실에 대한 설명을 두고 위에서 말한 세 가지 종류의 역사를 오가며 끊임없는 수정 작업을 통해 역사의 진실을 파헤치려고 노력해야 한다고 말합니다. 역사의 진실은 있습니다. 그러나 어느 누구도 그것을 소유하고 있다고 말할 수는 없습니다. 카는 그것을 위해 부단히 노력해야 한다고 주장합니다.

"그래, 할머니 댁에는 잘 다녀왔어?"

규선이는 오랜만에 지현이를 만났습니다. 지현이의 얼굴은 아프리카 사람처럼 시꺼멓게 탔습니다.

"응. 잘 다녀왔지. 너는?"

"난 여름캠프에 다녀왔잖아. 온종일 행군도 하고……."

"그랬구나."

"너희 할머니가 재미있는 이야기 많이 해 주시던?"

"그럼. 많이! 할머니께서 돌아가실 뻔하다가 살아나신 이야기며, 할아버지가 독립유공자 되신 이야기며…… 재미있었지."

"너희 집 독립유공자 집안이야?"

"응. 물론이지. 하지만 너희 집도 독립유공자야!"

"아니야. 우리 집은. 히히."

규선이는 웃으면서 말했습니다.

"우리나라가 독립할 때 한 마음 한 뜻이었으면 모두 다 독립유공자나 다름없지."

"그래? 그럼 우리 집도 독립유공자!"

지현이는 자랑스러운 듯 어깨에 잔뜩 힘이 들어갔습니다. 그리고 갑자기 생각이 난 듯 규선이에게 물었습니다.

"근데 전에 할머니 댁에 놀러가기 전에 말이야, 네가 한 말이 있지?"

"무슨 말인데?"

"아는 것만큼 보인다는 말은 속임수라고 말이야."

"아, 그 말!"

"그게 무슨 말이야."

"그건, 으음, 내가 이 두 번째 손가락으로 하늘에 떠 있는 보름달을 가리킨다고 해 봐. 그러면 넌 보름달을 쳐다볼 거야? 아니면 내 손가락을 쳐다볼 거야?"

"그야 물론 보름달이지."

"그래, 바로 그거야."

지현이는 영 모르겠다는 표정을 지었습니다.

"규선이 너, 절에 들어가서 수양하다가 돌아왔니?"

"우리가 '한국전쟁'이라고 말하는데, 우리 할머니는 '동란'이라고 하시더라."

"그래? 우리 할머니도 '동란, 동란' 하시는데……."

"한국전쟁이라고 하든 동란이라고 하든 중요한 것은 보름달이야. 보름달!"

"보름달?"

"그래, 보름달. 1950년에 실제로 이 땅에서 벌어졌던 무력 충돌 말이야. 그 자체가 중요하다고."

"무력 충돌? 보름달?"

"네가 무엇이라고 부르든 과거에 발생했던 사건 그 자체가 가장 중요하단 말이야. 그리고 그 사건이 진정으로 무엇이었나를 끝없이 살펴보려는 노력이 중요하고. 사건을 가리키는 손가락에만 신경 쓰지 말고."

"너, 도사가 다 된 것처럼 말한다."

"그래, 역사 도사다. 하하하."

규선이는 크게 웃었습니다. 지현이도 덩달아 크게 웃었습니다.

규선이는 친구들에게 보름달을 있는 그대로 그려서 보여 주기 위해서는 수많은 단어와 상상력이 필요하다고 생각했습니다. 보름달의 수많은 이미지에 적합한 단어도 많이 알아야 한다고 여겼습니다. 그러나 그 수 많은 단어들보다 더 중요한 것은 '보름달' 라는 것을 다시 한 번 마음속 깊이 새겨 넣었습니다.

통합형 논술
활용 노트

01 다음 제시문을 읽고 물음에 답하시오.

사료에는 그 사료를 기록하는 사람의 관점과 이해관계가 함께 기록됩니다. 달리 말하면, 기록자의 관점과 이해관계에 따라 과거사실에 대한 설명이 제한되고 왜곡됩니다. 예를 들면, 나폴레옹을 너무나도 좋아하는 사람이 있다면 그 사람은 나폴레옹의 행적을 미화해서 기록하겠죠. 나폴레옹을 너무나 싫어하는 사람이 있다면, 그 사람은 나쁘게 기록할 것입니다.

오늘의 우리는 기록자의 관점과 이해관계에 의해서 제한되고 왜곡된 설명을 사료로서 읽고 해독합니다. 그렇게 되면 제한되고 왜곡된 설명은 또다시 제한되고 왜곡되는 셈입니다. 그래서 역사가들은 제한되고 왜곡

되는 과정과 현상을 최대한 줄이려고 노력합니다. 그럼에도 불구하고, 아무리 훌륭한 역사가이더라도 자신이 가지고 있는 가치관, 인생관, 세계관 등을 모두 완전하게 버릴 수는 없겠죠. 또한 아무리 훌륭하더라도 타임머신을 타고 과거 속으로 정말 들어갈 수도 없습니다. 그는 과거가 아니라 오늘에 존재할 수밖에 없습니다. 역사가는 절대로 '현재'에서 벗어날 수 없습니다. 그래서 어떤 역사이론가들은 '역사는 항상 현재의 역사'라고 말하곤 합니다.

−《E.H.카가 들려주는 역사 이야기》중

1. 그림은 무엇을 그린 걸까요? 보이는 대로 설명해 보시오.

2. 제시문의 중심 내용을 요약하고, 역사가의 해석과 그림에 대한 여러분의 해석을 비교하여 설명해 보시오.

02 제시문 (다)와 (라)는 (나)의 단군신화 내용을 읽고 난 두 사람의 반응입니다. (다)와 (라) 중에 (가)의 ㉠이 뜻하는 것처럼 보름달을 가리키는 손가락이 아니라 보름달을 정확히 바라볼 줄 아는 사람은 누구인지, 또 왜 그런지 이야기해 보시오.

(가) "다 말해 줬잖아. 천안을 지나갔다고 말하지 않더라도 서울역에서 출발해서 대전에 도착했다면, 당연히 천안을 거쳤다는 사실을 아는 것처럼 고모와 고모부가 처음 만나서 쪽지를 주고 받을 때까지 두 사람 사이에 여러 이해와 교감이 오고 갔다는 거지. 두 분이 그걸 이야기 안 해 주시지만 말이야."

"참, 그렇지."

규선이는 머리를 긁적거렸습니다. 그러고 오빠를 빤히 쳐다보면서 물었습니다.

"그게 어떻게 가능하지?"

성우는 약간 화가 난 듯 목소리를 높여 말했습니다.

㉠ "내가 둘째손가락으로 하늘에 떠 있는 보름달을 쳐다보라고 가리키면 보름달을 봐야 하니? 아니면 둘째손가락을 봐야 하니? 뭘 볼래?"

"당연히 보름달이지."

"그래, 맞아. 마찬가지지. 고모나 고모부가 처음 만난 이야기를 해 주면 그 말을 듣고 이해하려고 해야 해. 하지만 가장 궁극적으로는 그 이야기

가 가리키고 있는 사실, 과거의 사실, 6년 전 두 분이 만나게 된 사건을 이해하려고 해야 하지 않을까!"

－《E.H.카가 들려주는 역사 이야기》중

(나) 옛날에 환인의 서자 환웅이 인간 세상에 가고 싶어 했습니다. 환인이 아들의 뜻을 알고 삼위산부터 태백산을 내려다 봤더니, 인간 세계를 널리 이롭게 할 만하였습니다. 그래서 천부인(신의 도장) 세 개를 주면서 지상에 내려가 인간들을 다스리게 하였습니다. 환웅은 부하 삼천 명과 함께 태백산에 있는 신단수 아래로 내려왔습니다. 그리고 풍백, 우사, 운사와 함께 곡식, 수명, 질병, 형벌, 선악 등을 주관하면서 인간들을 다스렸습니다.

한편, 그 당시 같은 굴에 살고 있던 곰 한 마리와 호랑이 한 마리가 사람이 되고 싶다며 신에게 빌었습니다. 그러자 신이 쑥과 마늘을 주면서 말했습니다.

"너희들이 이것을 먹고 백 일 동안 햇빛을 보지 않는다면 곧 사람의 모습을 얻게 될 것이다."

곰과 호랑이는 그걸 가지고 굴로 들어갔습니다. 호랑이는 견디다 못해 도중에 뛰쳐나갔지만, 곰은 스무하루 동안 기도하여 웅녀가 되었습니다. 웅녀는 혼인할 사람이 없어 단수 밑에서 아이를 가지고 싶다고 빌었습니다.

그러자 환웅이 이를 보고 웅녀와 결혼하여 아들을 낳았습니다. 그리고 아들 이름을 단군이라 하였습니다.

-《삼국유사》, 〈단군신화〉 요약

(다) "호랑이는 곰보다 인내심이 부족한 게 분명해. 신이 쑥과 마늘로 동굴 속에서 백 일을 견디라고 했는데, 그렇게 하지 못했잖아. 곰은 끝까지 견뎌서 사람이 되었는데 말이야. 인내심 강한 곰이 인간 여자가 되어 낳은 아들이 우리 민족의 시조인 단군이라니! 우리나라 사람들이 그래서 참을성이 강한 건가? 그리고 말이야, 어떻게 곰과 호랑이가 사람이 되고 싶다는 생각을 했을까? 옛날에 살았던 동물들은 지능이 매우 높았나 봐."

(라) "단군신화를 보면 고대 원시 부족사회에서 고조선이란 국가가 어떻게 형성됐는지 알 수 있어. 하늘에서 내려왔다는 건 북쪽에서 남쪽으로 내려왔다는 걸 뜻해. 따라서 북쪽에 살던 환웅의 부족이 태백산으로 남향해서 기존에 살던 부족과 합쳐졌다는 걸 알 수 있어. 그리고 호랑이와 곰 중 곰이 웅녀가 되어 환웅과 혼인했다는 건, 곰을 모시던 부족과 호랑이를 모시던 부족 중 곰을 모시던 부족이 환웅의 부족과 통합되었다는 걸 뜻하지. 그리고 이 통합된 두 부족 안에서 단군이라는 새로운 지도자가 나와 고조선을 건국하게 된 거야."

통합형 논술
문제풀이

01 1. 그림에는 활짝 핀 꽃과 꽃봉오리, 꽃향기를 맡고 날아오는 나비가 그려져 있습니다. 그런데 꽃과 잎, 나비의 위치가 마치 여자의 얼굴을 나타내고 있는 것으로도 보입니다. 잎은 눈썹과 눈, 나비는 코, 붉은 꽃은 입술, 식물 줄기는 얼굴선을 그리고 있습니다. 그림을 볼 때 시선의 중심을 어디에 두느냐에 따라 여자 얼굴로 보이기도 하고, 꽃과 나비 그림으로 보이기도 합니다.

2. 현재 우리가 배우는 역사는 옛날 사람들이 사건을 기록한 자료나 남은 그림, 건물 등을 보고 배웁니다. 그러나 역사 속에 실제 남아 있는 자료들이 사건의 모든 진실을 담고 있지 않습니다. 객관적인 사실만을 기록하려고 해도 기록하는 사람의 가치관과 성향이 들어가 있습니다. 예를 들어 링컨 대통령을 존경하는 사람은 그의 암살을 비통하게 여겨서 암살자의 강력한 처벌을 원하면서 암살자를 비판하는 내용을 기록할 것입니다. 그러나 링컨 대통령을 싫어하는 사람은 암살자의 행동에 희미

하게나마 정당성을 부여하려 할 것입니다. 그림을 보면 하나의 그림에서 두 가지 그림이 나타남을 알 수 있습니다. 평소 꽃을 좋아하는 사람은 꽃과 나비가 눈에 먼저 들어오고, 그렇지 않으면 여성 얼굴이 뚜렷하게 보일 것입니다. 오늘날 우리가 알고 있고 배우는 역사도 역사가가 어떤 관점을 가지고 있느냐에 따라 해석의 결과는 달라집니다. 즉 역사는 과거에 머무는 게 아니라 현재에 끊임없이 재해석되며 영향을 줍니다.

02 (다)의 화자는 (나)의 단군신화를 글자 그대로만 이해하고 있습니다. 단군신화는 고조선 역사에 관한 하나의 사료입니다. E.H.카에 따르면 기록으로 남겨져 있는 사료는 과거의 고정된 사실을 가리키고 있는 것이지 그 자체가 사실은 아닙니다. (다)는 단군신화의 내용을 과거사실의 상징이나 함축으로 여기지 못하고 사실 그 자체인 양 받아들이고 있습니다. 즉 어떠한 사건의 설명 혹은 기술에

불과한 사료를 사건 자체, 혹은 사실 자체라고 잘못 받아들이는 것이지요.

반면 (라)의 화자는 사료를 통해 역사적 사실을 추적하고자 하는 올바른 역사관을 가지고 있습니다. 하늘에서 내려왔다는 신화적 표현을 보며 북쪽 지역에서 남쪽 지역으로 내려왔다는 사실을 유추해 내었고, 웅녀와 환웅이 혼인했다는 내용 안에 함축되어 있는 부족 통합 사건도 읽어내고 있습니다.

오늘날 우리에게 전해지는 단군신화의 내용은 고조선 건국 사실을 가리키는 손가락과 같습니다. 손가락이 아닌 고조선 건국 역사를 제대로 바라보기 위해서는 단군신화에 드러나 있는 상징적 표현을 통해 그 속에 숨어있는 사실을 끊임없이 탐구해야 합니다.